Veganes Backen

Veganes Backen

Dunja Gulin

Fotos von
Clare Winfield

VERLAGSGRUPPE PATMOS

PATMOS
ESCHBACH
GRÜNEWALD
THORBECKE
SCHWABEN

Die Verlagsgruppe
mit Sinn für das Leben

Aus dem Englischen übersetzt von
Renate Christ

www.thorbecke.de

Umschlaggestaltung: Finken & Bumiller, Stuttgart
Gedruckt in China
ISBN 978-3-7995-0438-6

Allgemeine Hinweise

• Wenn nicht anders angegeben, beziehen sich alle Mengenangaben in Löffeln auf gestrichene Löffel.

• Backöfen sollten stets auf die angegebene Temperatur vorgeheizt werden. Die Rezepte in diesem Buch wurden unter Verwendung eines herkömmlichen Backofens getestet. Wenn Sie einen Umluftherd verwenden, beachten Sie bitte die Hinweise des Herstellers zur Anpassung der Temperatur.

• Falls für ein Rezept die geriebene Schale von Zitrusfrüchten benötigt wird, sollten Sie ungewachste Früchte kaufen und diese vor der Verwendung gründlich waschen. Behandelte Früchte bürsten Sie gut in warmem Seifenwasser ab und spülen Sie danach ab.

Inhalt

Einführung

Backen – das war schon immer ein magisches Wort für mich. Süßes zu backen war – und ist – sogar noch magischer, und ich glaube, viele Leute verstehen, was ich meine! Der Duft der frisch gebackenen Hörnchen, die meine Nonna immer zu Weihnachten backte, ist eines der wenigen Dinge, an die ich mich aus meiner frühen Kindheit erinnern kann.

Vielleicht ist das der Grund dafür, dass meine ersten Schritte in der Küche darin bestanden, einfache Kuchen zu backen, zu lernen, wie man Pfannkuchen wendet, und Blech um Blech Plätzchen zu verbrennen. Aber ich gab nicht auf.

In der High School beschloss ich, kein Fleisch mehr zu essen, und später, als ich zum Studium von zu Hause wegging, wollte ich versuchen, mehr vegane Lebensmittel zu essen, nachdem ich in der Mensa so viele katastrophale „vegetarische" Gerichte gekostet hatte. Damals war es nahezu unmöglich, ein veganes Dessert zu finden, das nicht einem Ziegelstein oder einer schleimigen Pampe ähnelte, vor allem mit dem Budget einer Studentin. Außerdem liebte ich Süßspeisen und hatte nicht die Absicht, darauf zu verzichten. Deshalb beschloss ich, mein Schicksal als Naschkatze in die eigene Hand zu nehmen und mit ernsthaftem veganen Backen zu beginnen.

Das war nicht leicht. Beim veganen Backen gibt es – wie auch meist beim konventionellen Backen – viele bestimmte Regeln, die man ausnahmslos befolgen muss. Ich finde, dass es manchmal mehr Gemeinsamkeiten mit Chemie hat als mit intuitivem Kochen. Was ich aber daran liebe, sind die Unvorhersehbarkeit, die Aufregung, die Vorfreude und die tiefe Zufriedenheit, die man empfindet, wenn aus einem Experiment ein leckeres und schönes Gebäck wird. Und ich Glückliche habe die Möglichkeit, ein paar meiner Entdeckungen mit dem Rest der Welt zu teilen.

Der Grund, warum ich jeden – sei er Veganer oder nicht – dazu ermutigen möchte, vegane Süßspeisen zu genießen, ist das Gefühl, das man nach dem Verzehr eines gesunden, natürlichen Gerichtes hat, das nicht mit Eiern, Milch und Zucker überladen ist. Auch wenn ich gar nichts

gegen dieses Zutaten habe, wenn man sie gelegentlich zu sich nimmt (in der Tat habe ich etwas gegen Milch und Zucker, aber das ist eine andere Geschichte), so sind sie doch, wenn sie in einem Gericht kombiniert werden und besonders, wenn auch raffiniertes Mehl verwendet wird, ziemlich schädlich für den Körper und können auf lange Sicht zu gesundheitlichen Problemen führen.

Das Ausrichten nach Extremen – Veganismus eingeschlossen – tut jedoch weder unserer Gesundheit noch unserem geistigen Wohlbefinden besonders gut. Mir ist aufgefallen, dass in vielen veganen Backbüchern nur eine Regel gilt: Alle Rezepte müssen vegan sein. Das bedeutet, dass sie trotzdem viel raffinierten Zucker, Margarine, weißes Mehl und andere industriell verarbeitete vegane Zutaten enthalten. D. h. Sie entscheiden sich vielleicht dafür, keine tierischen Produkte mehr zu essen, sind aber möglicherweise auf dem Weg, ein ungesunder Veganer zu werden.

Deshalb lasse ich mich, wenn ich Backrezepte ausprobiere, von mehr als einer Regel leiten. Ich möchte, dass meine veganen Kuchen gesund sind. Ich möchte, dass sie aus den besten Zutaten gebacken werden. Ich möchte, dass sie nach Möglichkeit biologisch sind. Sie sollen süß, aber nicht zu süß sein, optisch ansprechend, aber nicht überladen, vollkommen in ihrer Unvollkommenheit. Sie sollen Nahrung für meinen Körper und sie sollen Nahrung für meine Seele sein. Das sind meine acht goldenen Regeln. Wenn die meisten von ihnen befolgt werden, dann ist das Ergebnis ein traumhafter selbst gebackener Kuchen, zu dem niemand jemals Nein sagen wird. Probieren Sie es und Sie werden es selbst sehen!

Nun wollen wir uns die Zutaten ansehen, die ich zum gesunden veganen Backen verwende.

Wichtige vegane Backzutaten

Mehlsorten

Mehl ist eine wichtige Backzutat und für das Gelingen von Süßspeisen von großer Bedeutung. Deshalb sollten Sie sorgfältig die beste erhältliche Sorte, vorzugsweise biologisch, wählen. Bewahren Sie sie luftdicht verschlossen auf, damit Käfer und Motten sich nicht daran gütlich tun können. Ersetzen Sie Weißmehl nicht durch Vollkornmehl, wenn es nicht im Rezept angegeben ist, weil letzteres mehr Kleie enthält und eine schwerere Struktur und einen kräftigeren Geschmack besitzt. Die Qualität und der Gehalt von Proteinen variieren von Marke zu Marke und von Jahreszeit zu Jahreszeit. Das kann unter Umständen zu Problemen beim Backen führen. Bekommen Sie jetzt keine Angst! Ich erzähle mehr darüber im Abschnitt über die Problembehebung auf den Seiten 16 und 17.

Weizenmehl Type 405

Dieses Mehl verwende ich am häufigsten, weil es für fast jede Kombination von Mehlen eine gute Basis ist. Verwenden Sie in Kuchen- und Brotteigen mindestens 60 % davon, damit diese eine gute Struktur erhalten und gut aufgehen. Falls Sie Dinkel Weizen vorziehen, kann es auch durch Dinkelmehl ersetzt werden.

(Weizen-)Vollkornmehl

(Weizen-)Vollkornmehl ist robust und vollmundig und enthält – neben Stärke und Eiweiß – Vitamine, Ballaststoffe und Mineralien aus der Kleie und dem Keimling des Weizenkorns. Es hat eine kürzere Haltbarkeitsdauer und sollte fest verschlossen aufbewahrt werden. Wenn man zum Backen ausschließlich (Weizen-)Vollkornmehl verwendet, resultiert das in einer schweren, kompakten und nussigen Konsistenz und einem ebensolchen Geschmack, was man normalerweise bei einem Kuchen nicht so gern hat. Wenn man jedoch hellem Mehl einen kleinen Anteil (bis zu 15 %) Vollkornmehl hinzufügt, dann erhält jeglicher Kuchenteig eine großartige Konsistenz und einen tollen Geschmack.

Feines Maismehl

Das ist ein feines gelbes Mehl, das aus getrockneten Maiskörnern hergestellt wird. Es sollte nicht mit Polenta verwechselt werden, die relativ grob gemahlen ist, und auch nicht mit Maisstärke, die weiß ist. Da Maismehl ziemlich schwer und kompakt ist, verwende ich es nie pur. Man kann daraus wunderbar süße Brote herstellen, und es verleiht Pie- und Tarteböden eine tolle gelbe Farbe. Maisstärke wird zum Andicken verwendet (siehe S. 15).

Andere Mehle und Getreideprodukte

In meinem Vorratsschrank befinden sich immer noch ein paar andere Mehlsorten und Getreideprodukte.
Dinkelmehl ist toll, wenn Sie einmal Abwechslung brauchen oder den Glutengehalt des Gebäcks reduzieren wollen. Manchmal benötigt ein Teig mehr Eiweiß, z. B. für Brot, deshalb ist es auch sinnvoll, Weizenmehl Type 550 oder 1050 im Vorrat zu haben. Kastanienmehl ist etwas Besonderes und ich verwende es, um zu speziellen Gelegenheiten einen Castagnaccio (siehe S. 32) zu backen.
Grieß ist gröber gemahlener Weizen. Er ist fast weiß und wird hauptsächlich für Grießbrei bzw. -pudding verwendet und selten als Mehl. Ich habe jedoch ein paar interessante Möglichkeiten gefunden, ihn zum Backen zu verwenden, und hoffe, dass Sie den Geschmack und die Konsistenz dieser Süßspeisen genauso sehr mögen wie ich!
Auch Couscous ist ein Weizenprodukt. Er ist noch gröber gemahlen als Grieß und besitzt eine gelbliche Farbe. Er macht Plätzchen schön knusprig.
Filo-/Yufkateig sind hauchdünne Teigblätter aus Mehl und Wasser, die vor allem im Nahen Osten und in der Balkanküche verwendet werden. Meine Backwaren sind von letzterer etwas beeinflusst, weshalb sich in diesem Buch ein paar extrem leckere Süßspeisen mit diesem Teig finden. Haben Sie keine Angst davor und probieren Sie jedes Rezept mit Filo-/Yufkateig wenigstens ein Mal aus – Sie werden überrascht sein, wie leicht das geht und wie lecker es schmeckt!

Im Uhrzeigersinn von oben links
Kastanienmehl, (Weizen-) Vollkornmehl, Weizenmehl, Couscous, Maismehl

Von links nach rechts
Agavendicksaft, Ahornsirup, brauner Reissirup, Gerstenmalz, Demerara-Zucker

Süßungsmittel

Wir alle wissen, dass industriell verarbeitete Lebensmittel nicht gut für uns sind. Überhaupt nicht. Weißer Zucker ist eines der am stärksten verarbeiteten Lebensmittel auf dem Markt. Ich verwende ihn niemals in meiner Küche und versuche, nichts zu essen, worin er enthalten ist. Das ist nicht leicht, weil sich raffinierter Zucker überall versteckt – er lugt aus jeder Dose, jedem Glas und jedem Brotkorb!

Die Süßungsmittel, die ich hier empfehle, sind diejenigen, die ich über die Jahre getestet habe. Dabei habe ich vor allem darauf geachtet, wie ich mich fühlte, nachdem ich ein Gericht gegessen hatte, das mit diesen Süßungsmitteln gesüßt war statt mit raffiniertem Zucker. Mit der Zeit bin ich auf raffinierten Zucker recht empfindlich geworden, und wenn ich ihn zu mir nehme, wird mir heiß, ich werde unruhig und unkonzentriert. Ich möchte Sie dazu ermutigen, meine Methode einmal auszuprobieren, damit Sie den Unterschied selbst erkennen: Nehmen Sie 30 Tage lang nichts zu sich, das raffinierten Zucker enthält, und „belohnen" Sie sich anschließend mit einem Stück normal gesüßten Kuchens. Nun sollten Sie den bitteren Geschmack raffinierten Zuckers bemerken und wie sich Ihr Mund danach komisch anfühlt und Sie das Bedürfnis haben, sich die Zähne zu putzen. Für mich wirkt Zucker wie ein mildes Gift, und bin sehr froh darüber, dass ich das früh genug erkannt habe, um meine Zuckersucht zu beenden. Sie haben richtig gelesen: Zuckerkonsum macht süchtig. Es handelt sich um eine relativ junge Sucht, gesellschaftlich akzeptiert und von den Medien gefördert. Zucker ist ein Milliardengeschäft, das unzählige Leute in Diabetes, Übergewicht, Bluthochdruck und Nervenzusammenbrüche stürzt. Er macht Kinder reizbar, hyperaktiv und frech. Er zerstört allmählich unsere Körper, indem er das gesamte Kalzium „frisst", das wir durch andere Lebensmittel aufnehmen, und verursacht so auf allen sieben Kontinenten Osteoporose. Vielleicht gelingt es Ihnen, aufgrund dieser Fakten Ihren Zuckerkonsum zu überdenken und ihre Ernährungsweise zu ändern.

Ich möchte Ihnen aber keine Angst vor irgendwelchen Lebensmitteln einflößen, auch nicht vor Zucker. Es schadet Ihnen nicht, wenn Sie hin und wieder ein Stück Kuchen mit Zucker essen. Wenn Sie jedoch morgens zum Frühstück eine Tasse Kaffee mit Zucker trinken, mittags ein Sandwich mit Weißbrot essen, über den Tag verteilt zwei Gläser Saft trinken und zum Abendessen Nudeln mit Tomatensoße aus der Dose kochen, dann nehmen Sie wahrscheinlich zu viel Zucker zu sich. Und das, obwohl Sie noch nicht einmal Süßigkeiten gegessen haben!

Allerdings verwende ich ein paar Arten von unraffiniertem Zucker, wenn andere Süßungsmittel nicht genauso gut funktionieren. Das ist zum Beispiel bei Buttercremes der Fall, bei denen der Puderzucker durch fein gemahlenen Demerara-Zucker ersetzt wird, damit eine luftige Creme entsteht. Reissirup oder Agavendicksaft sind dazu nicht geeignet. Oder auch bei manchen Plätzchenrezepten, bei denen ich eine knusprige Konsistenz haben möchte, die man mit flüssigen Süßungsmitteln nicht erreichen kann. Unraffinierter Zucker schmeckt auch süßer als flüssige Süßungsmittel. Wenn ich also einen Kuchenteig mit Kakao zubereite, dann benötige ich eine stärkere Süßkraft, um die Bitterkeit des Kakaopulvers auszugleichen.

Wenn Sie, von den zuvor genannten Beispielen abgesehen, ein angegebenes Süßungsmittel durch ein anderes austauschen wollen, probieren Sie das ruhig. Viele vegane Rezepte enthalten den Hinweis, dass die Flüssigkeitsmenge im Rezept reduziert werden muss, wenn man statt Zucker Reissirup verwenden möchte. Ich glaube nicht, dass das stimmt. Ich habe schon unzählige Kuchen gebacken, bei denen ich Zucker durch Reissirup ersetzt und sonst gar nichts verändert habe, und sie sind alle toll geworden. Wenn es bei Ihnen nicht funktioniert, spielen vielleicht andere Faktoren eine Rolle (siehe S. 16/17).

Brauner Reissirup

Von allen Süßungsmitteln, die es gibt, halte ich braunen Reissirup für die erste Wahl. Vielleicht liegt das an meinem Hintergrund als makrobiotische Köchin, vielleicht ist er aber wirklich das Beste! Mit Reissirup zubereitete Süßspeisen haben immer einen milden Geschmack und wirken beruhigend, im Gegensatz zu dem aggressiven Geschmack herkömmlicher Süßigkeiten. Es gibt jedoch auf dem Markt Reissirupe und Reissirupe. Damit Sie es beim Einkaufen leichter haben, sind im Folgenden ein paar Hinweise aufgeführt, woran man einen guten Reissirup erkennt.

Die hochwertigsten Arten von Reissirup (manchmal auch Reis-Malz-Sirup genannt) werden traditionellerweise in einem langsamen, natürlichen, enzymatischen Verfahren aus den ganzen Reiskörnern gewonnen. Die komplexen Kohlenhydrate, aus denen Reissirup besteht, werden langsam verdaut und versorgen uns mit stabiler Energie. Lesen Sie die Etiketten. Wenn sich unter den Inhaltsstoffen gekeimte Gerste befindet, kann der Sirup täglich verwendet werden. Wenn der Sirup dick und etwas dunkler ist und leicht charakteristisch schmeckt, dann kann man ihn unter Umständen nicht in jedem Rezept verwenden.

Sie sollten also auch hellbraunen Reissirup in Ihrer Küche haben. Achten Sie darauf, biologischen Reissirup zu kaufen, der keinen Zucker enthält.

Gerstenmalz

Das ist ein hochwertiges Süßungsmittel, das Sie nur in ein oder zwei Rezepten in diesem Buch finden werden, weil es einen relativ starken Geschmack hat und für Süßspeisen zu schwer ist. Es ist jedoch gut, es im Haus zu haben, um Tees, heiße Zitrone oder Haferbrei zu süßen oder Grissini mit Kümmel (s. S. 120) zu backen. Man kann es auch für Pie- oder Plätzchenteige verwenden, wenn man sich nicht am Geschmack und an der dunklen Farbe der gebackenen Leckereien stört.

Ahornsirup

Ahornsirup ist ein weiteres hochwertiges Süßungsmittel, das nicht nur süß schmeckt, sondern auch reich an Spurenelementen ist, die als Antioxidantien wirken, Ihr Herz gesund halten und Ihr Immunsystem unterstützen. Wenn Sie Ahornsirup einkaufen, dann suchen Sie nach reinen und biologischen Produkten mit dunkler Farbe. Achten Sie darauf, dass er keinen Zucker oder Farbstoff enthält. Ich verwende Ahornsirup sowohl für üppigere Kuchenteige

Mais-Tofu-Pastete
Zubereitet mit Olivenöl und Sojamilch anstelle von Butter und Kuhmilch

und nusshaltige Süßspeisen als auch für viele Plätzchenrezepte. Er verleiht dem Gebäck einen intensiven und gehaltvollen Geschmack.

Agavendicksaft
Seine optische Ähnlichkeit mit Honig, sein starker süßer Geschmack und seine Verfügbarkeit in vielen Lebensmittelgeschäften haben ihn ziemlich beliebt und gebräuchlich gemacht. Er enthält viel Fruktose und ist vergleichsweise stark verarbeitet, aber manchmal muss man sich zwischen einem schlechten Süßungsmittel (raffiniertem Zucker) und einem besseren, aber eben nicht idealen Süßungsmittel (in diesem Fall Agavendicksaft) entscheiden. Was die Qualität angeht, so haben ihm Reis- und Ahornsirup einiges voraus, aber gelegentlicher Genuss schadet nichts. Sie können ihn ruhig in jedem einzelnen meiner Rezepte durch braunen Reis- oder Ahornsirup ersetzen.

Unraffinierter Zucker
In Fällen, in denen es (wie auf S. 10 erwähnt) nicht möglich ist, Zucker zu ersetzen, versuche ich, den hochwertigsten biologischen unraffinierten Zucker zu finden, der für ein bestimmtes veganes Rezept geeignet ist. Ich verwende entweder Demerara-Zucker oder anderen Roh-Rohrzucker und manchmal Vollrohrzucker. Zucker bleibt Zucker, aber die unraffinierten Varianten sind gesünder als die stark verarbeiteten, weil sie mehr Mineralstoffe und Spurenelemente enthalten und weniger schnell verdaut werden.

Öle

Öl spielt beim Backen eine wichtige Rolle, aber ich verwende davon weniger als in den meisten veganen Backrezepten angegeben. Es empfiehlt sich, zuerst über die Süßspeise nachzudenken, die man zubereiten möchte, und sich dann für ein Öl zu entscheiden, weil manche Öle einen starken Eigengeschmack besitzen, der sich womöglich mit anderen Zutaten nicht verträgt. Biologische kalt gepresste Öle sind meine bevorzugte Wahl. Neben den unten aufgelisteten gibt es noch viele weitere Arten von Öl, die Sie verwenden können – je nach Vorliebe und Verfügbarkeit.

Sonnenblumenöl
Biologisches kalt gepresstes Sonnenblumenöl ist zum Kochen und Backen eine ausgezeichnete Wahl und kann für fast jedes Backrezept in diesem Buch verwendet werden, weil es geruchsarm und mild ist. Es wird teilweise raffiniert, um den charakteristischen Geschmack und Geruch der Sonnenblumenkerne zu entfernen, aber wenn es kalt gepresst wird, ist es gesünder als raffiniertes Öl. Ich habe es immer in meinem Vorrat, weil es sich auch zum Braten und Frittieren ausgezeichnet eignet.

Natives Olivenöl extra
Es überrascht nicht, dass ich versuche, in alle möglichen Gerichte Olivenöl „hineinzuschmuggeln". Schuld daran sind mein mediterranes Blut und meine Großmutter, die mich mit ihrem eigenen istrischen Olivenöl versorgt. Der leicht bittere Geschmack macht mir nichts aus und ich verwende es viel in süßem Gebäck. Manche sagen, dass Hitze hochwertiges Olivenöl zerstört, und wahrscheinlich stimmt das auch. Da ich es aber auch ungekocht in ausreichender Menge zu mir nehme, habe ich keine Angst davor, ab und zu einen köstlichen Kuchen, Plätzchen oder Cracker damit zu backen.

Distelöl
Dieses Öl wird aus den Samen der Färberdistel hergestellt und ähnelt im Nährstoffgehalt Sonnenblumenöl. Es enthält viele einfach ungesättigte Fettsäuren und weniger gesättigte Fettsäuren als Olivenöl. Ein anderes Qualitätsmerkmal dieses Öls ist sein hoher Rauchpunkt, d. h. es ist zum Kochen und Backen bei starker Hitze geeignet.

Natives Kokosöl
Kokosnussöl hat in den letzten paar Jahren viel Aufmerksamkeit erhalten und beim Kochen und Backen ein großes Comeback gefeiert. Lange Zeit dachte man, es sei eine Quelle für gesättigte Fettsäuren, die als schädlich angesehen wurden. Für raffiniertes Kokosöl stimmt das auch, aber heute weiß man, dass auch manche gesättigten Fettsäuren gut für uns sind und dass natives Kokosöl hauptsächlich gesunde Fette enthält. Da es sich bei niedrigeren Tempe-

Von oben nach unten
Sojamilch, Reismilch, Kokosmilch

raturen verfestigt, verwende ich es gerne anstelle von Margarine. Allerdings funktioniert das nur bei manchen Rezepten. Außerdem schmeckt es köstlich!

Ungehärtete Margarine
Ich vermeide es, Margarine häufig und in großen Mengen zu verwenden. Das gilt auch für die gesündere, ungehärtete Margarine. Für manche Rezepte wird sie jedoch wirklich benötigt, und wir bekämen niemals luftige vegane „Buttercremes" und Glasuren für Torten und Cupcakes, wenn es keine Margarine gäbe.

Pflanzliche Milch

Heutzutage gibt es eine ganze Reihe von Milchalternativen, aber jede verhält sich in veganen Backrezepten unterschiedlich. Hier sind ein paar Tipps für erfolgreiches Kuchen- und Plätzchenbacken.

Biologische, nicht gentechnisch veränderte Sojamilch
Das ist die beste Flüssigkeit fürs vegane Backen, weil sie von allen pflanzlichen Milcharten den höchsten Proteingehalt besitzt. Sie ist die beste Alternative zu Kuhmilch, vor allem in Kuchenteigen. Wenn sie durch andere Milchalternativen ersetzt werden kann, ist das im Rezept angegeben. Manchmal kann Sojamilch durch Sojajoghurt ausgetauscht werden. Wenn nicht anders angegeben, kaufen Sie nicht aromatisierte, ungesüßte Milch.

Kokosmilch
Sie ist dickflüssig und cremig und schmeckt nach Kokosnuss, was zu manchen Kuchen- oder Plätzchenrezepten gut passt. Ihre tägliche Verwendung eignet sich meiner Meinung nach eher für Leute, die in einem warmen Klima wohnen. Wenn man sie jedoch gelegentlich zum Backen verwendet, dann ist sie eine gute und leckere Abwechslung zu anderen Milchalternativen.

Hafermilch
Sie besitzt eine natürliche Süße und funktioniert gut in Glasuren und Cremes. Sie kann in Kuchenteigen mit Sojamilch kombiniert werden, um zusätzliche Feuchtigkeit zu verlei-

hen. Fügen Sie aber nicht zu viel hinzu, weil der Kuchen dadurch brüchig und krümelig werden kann.

Reismilch

Sie schmeckt zwar lieblich und süß, ist aber ziemlich wässrig und enthält fast kein Protein, welches zum guten veganen Backen benötigt wird. Sie kann für manche Plätzchen verwendet werden, vor allem zusammen mit gemahlenen Leinsamen, die für Fett und Volumen sorgen.

Weitere pflanzliche Milcharten

Aus Nüssen und Samen gewonnene Milcharten können in manchen veganen Backrezepten verwendet werden, verändern aber unter Umständen Textur, Geschmack und Konsistenz, besonders bei Kuchen. Ich würde empfehlen, sie eher in Cremes und Glasuren zu verwenden statt für empfindliche Kuchen.

Backtriebmittel

Der kluge Einsatz von Backtriebmitteln macht den Unterschied aus zwischen einem schweren und einem luftigleichten Kuchen. Mir ist aufgefallen, dass viele Leute beim veganen Backen zu viel Backtriebmittel verwenden, damit der Teig auf jeden Fall aufgeht. Dabei geht es gar nicht um die Menge, sondern um die richtige Kombination von Backtriebmitteln. Natron, Backpulver und ein wenig Essig oder Zitronensaft führen beispielsweise immer zu reiner Luftigkeit!

Aluminiumfreies Backpulver

Das besitzt dieselbe Triebkraft wie herkömmliches Backpulver, ist aber gesünder. Auch wird sich der Geschmack Ihres Gebäcks erheblich verbessern, weil Aluminium einen bitteren Nachgeschmack verursacht.

Natron

Dies ist fürs vegane Backen wichtig, weil es Kuchenteigen den nötigen Schub gibt, ohne den sie schwer und kompakt würden. Da es mit sauren Zutaten reagiert, werden Sie in allen Rezepten mit Natron auch Essig, Zitronensaft, Sojajoghurt oder Kakao auf der Zutatenliste finden.

Aktive Trockenhefe (ohne Emulgatoren)

Diese Art Hefe ist lange haltbar und muss vor der Verwendung rehydriert werden. Da sie auf Temperaturveränderungen empfindlich reagiert, sollten Sie Zugluft während des Gehens vermeiden.

Verdickungsmittel

Unter den drei hier angegebenen Verdickungsmitteln ist Agar der Star.

Agar

Dieses natürliche pflanzliche Geliermittel wird aus einer roten Algenart gewonnen. Es ist geschmacksneutral, reich an Mineral- und Ballaststoffen und kalorienfrei. Es unterstützt die Verdauung und hilft beim Abnehmen, d. h. Sie können tatsächlich ein köstliches Dessert genießen und gleichzeitig Ihrem Körper dabei helfen, Giftstoffe loszuwerden – die reinste Zauberei! Allerdings werden Flüssigkeiten mit Agar nicht cremig, sondern fest. Deshalb verwende ich in meinen Creme- und Glasurrezepten meistens neben Agar eine kleine Menge Speise-/Maisstärke oder Pfeilwurzelmehl, um Cremigkeit und eine feste Textur zu erhalten.

Speisestärke/Maisstärke

Dieses Verdickungsmittel verwende ich für Cremes und Glasuren oder für Kuchenteige, damit der Kuchen elastischer wird und nicht zerkrümelt. Es ist nicht gerade die gesündeste Zutat, aber ein treuer Gefährte auf Ihrem Weg zum Starbäcker! Kaufen Sie nach Möglichkeit biologische, nicht gentechnisch veränderte Speisestärke. Siehe auch S. 8.

Pfeilwurzelmehl

Dieses gesunde, natürliche Verdickungsmittel wird auf dieselbe Art verwendet wie Speise-/Maisstärke. Sie sollten jedoch beim Eindicken von Cremes nicht zu viel davon verwenden. Auch sollten Sie es nur so lange erhitzen, bis die Mischung eindickt, nicht länger, sonst verflüssigt sie sich wieder. Pfeilwurzelmehl kann nicht immer als Ersatz für Speisestärke genommen werden.

Pannenhilfe

Backen ist toll, aber auch ziemlich unvorhersehbar. Fehler beim Backen können durch so viele äußere (und auch innere) Faktoren verursacht werden, dass, selbst wenn Sie demselben Rezept buchstabengetreu folgen, es keine Garantie dafür gibt, dass der Kuchen genauso wird wie beim letzten Mal. Vor allem beim veganen Backen!

Im Folgenden sind zu Ihrer Unterstützung ein paar Dinge aufgeführt, die beim Backen passieren können, mögliche Ursachen sowie Anweisungen dafür, was sie beim nächsten Mal besser machen können.

Kuchen

Nicht aufgegangen? Es gibt viele Gründe, warum ein Kuchen schwer und kompakt wird: Die trockenen Zutaten wurden nicht gesiebt, die Masse wurde zu lang gerührt, Zutaten und Backformen waren zu kalt, der Backofen war nicht vorgeheizt, das Backpulver war zu alt, es wurde zu viel Vollkornmehl im Verhältnis zu normalem Mehl verwendet oder der Backofen wurde in den ersten 15 Minuten geöffnet. Vielleicht besitzt das verwendete Mehl einen geringen Eiweißgehalt oder dem Teig wurde eine entscheidende säurehaltige Zutat nicht hinzugefügt.

Nach dem Backen zusammengefallen? Ähnliche Gründe wie oben. Vielleicht wurden zu viele Zutaten zur selben Zeit hinzugefügt oder die Backform war zu hoch und der Teig zu flüssig.

Klitschig und klebrig? Der Kuchen wurde nicht lang genug gebacken, der Teig war zu flüssig oder ein paar der oben genannten Gründe. Oder Sie haben nicht lange genug gewartet, bis Sie ihn angeschnitten haben.

Bitterer Geschmack? Zu viel aluminiumhaltiges Backpulver. Verwenden Sie Backpulver ohne Aluminium und messen Sie die im Rezept angegebene Menge sorgfältig ab.

Cupcake-/Muffinteig klebt am Papierförmchen fest? Sie haben sie nicht lange genug abkühlen lassen! Oder sie sind noch nicht gar. Besorgen Sie sich ein gutes Backofenthermometer und backen Sie sie beim nächsten Mal länger.

Pie- und Tarte-Boden

Zu krümelig zum Formen? Nicht genug Wasser. Fügen Sie tröpfchenweise Wasser hinzu oder drücken Sie den Teig ohne zusätzliches Wasser in die Backform. Selbst aus einem krümeligen Teig kann ein guter Boden werden, weil er sich während des Backes ausdehnt und verbindet.

Hart geworden? Zu lange gebacken. Vielleicht haben Sie den Teig zu kräftig und zu lange geknetet. Kneten Sie ihn beim nächsten Mal behutsam und nur so lange, bis sich alle Zutaten miteinander verbunden haben.

Klebrig und ölig? Es ist äußerst wichtig, dass Wasser, Mehl und Margarine vor der Zubereitung kalt sind. Wenn sie durch die Temperatur Ihrer Küche oder Ihrer Hände zu warm werden, dann löst sich während des Backens das Fett aus der Margarine und es entsteht ein öliger und krümeliger Teig, der sich nicht schneiden lässt.

Matschiger Boden? Wenn Sie eine Pie mit einer feuchten Füllung zubereiten (z. B. Apfel-Pie etc.), dann müssen Sie den Boden 7–10 Minuten lang blindbacken, bevor Sie ihn füllen. Andernfalls bekommt der Boden nicht genug Hitze ab und wird durch den Fruchtsaft aufgeweicht.

Plätzchen

Trocken und hart? Dann haben sie zu viel Zeit im Ofen verbracht! Stellen Sie sich beim nächsten Mal einen Kurzzeitwecker. Vielleicht ist zu viel Mehl im Teig. Oder haben Sie das im Rezept angegebene Backpulver vergessen?

Weich statt knusprig? Das passiert, wenn der im Rezept angegebene unraffinierte Zucker durch ein flüssiges Süßungsmittel wie z. B. Reissirup oder Agavendicksaft ersetzt wird. Die Plätzchen schmecken damit trotzdem toll, werden aber nicht knusprig. Vielleicht haben Sie sich aber auch ans Rezept gehalten, aber die Plätzchen nicht lange genug gebacken oder eine zu niedrige Temperatur eingestellt.

Klebrig? Zu kurz gebacken. Oder haben Sie vielleicht aus Versehen zu viel Flüssigkeit genommen?

Pizza und Focaccia vor dem Backen

Nicht aufgegangen? Mögliche Gründe könnten sein: Das Wasser, mit dem die Hefe angerührt wurde, war zu kalt oder es war zu heiß und hat die Hefe abgetötet; es wurde zu viel Mehl verwendet; der Teig wurde nicht lange genug geknetet; der Ort, an dem der Teig gehen sollte, war zu kalt oder zugig oder zu warm (wiederum Hefe abgetötet). Vielleicht hatte das verwendete Mehl keinen ausreichend hohen Proteingehalt oder Sie haben den Teig zu lange gehen lassen.

Nach dem Aufgehen klebrig? Es wurde entweder zu viel Flüssigkeit bzw. zu wenig Mehl verwendet oder der Teig wurde nicht ausreichend lange geknetet.

Hefeteig (und Brotteig mit Backpulver) nach dem Backen

Blass? Nicht lange genug aufgegangen. Die Backofentemperatur war zu niedrig oder das Brot war zu kurz im Ofen. Ein weiterer Grund könnte sein, dass zu viel Gebäck im Backofen war.

Ungleichmäßige Farbe? Ihr Backofen verteilt die Temperatur nicht gleichmäßig. Oder haben Sie das Brot in eine Ecke des Backofens geschoben statt in die Mitte?

Schwer, kompakt und klebrig? Die Hefe wurde nicht richtig aktiviert oder war zu alt. Der Teig wurde nicht lange genug geknetet oder enthielt zu viel Mehl. Haben Sie vergessen, ihn nach dem Backen aus der Form zu nehmen und wie im Rezept angegeben auf einem Kuchengitter abkühlen zu lassen? Haben Sie versucht, ihn anzuschneiden, bevor er vollständig erkaltet war?

Cremes und Glasuren

Creme ist nicht fest geworden? Nicht genug oder ungekochtes Agar. Vielleicht haben Sie sie nicht lange genug im Kühlschrank gelassen oder Soja- oder Hafermilch durch Reismilch ersetzt, die zu wässrig ist. Wenn man Pfeilwurzelmehl zu lange kocht, wird die Creme auch zu flüssig.

Creme ist zu hart? Zu viel Agar. Das passiert häufig, weil Agar die Creme nicht eindickt, solange sie noch warm ist. Deshalb tendiert man dazu, mehr zu verwenden. Tun Sie das nicht, vertrauen Sie dem Rezept! Achten Sie auch darauf, ob Sie Agar als Pulver oder Flocken verwenden, denn das Pulver ist stärker und Sie benötigen weniger davon (1 Teelöffel Agarpulver entspricht 1–2 Esslöffeln Flocken).

Creme ist mehlig? Entweder wurde zu viel Speisestärke hinzugefügt oder die Creme wurde nicht lange genug erhitzt.

Creme ist klumpig? Das Verdickungsmittel wurde entweder gar nicht aufgelöst, bevor es zur Creme gegeben wurde, oder in warmem Wasser. Vielleicht haben Sie aber auch alles richtig gemacht, aber nicht kräftig genug gerührt, während Sie die Flüssigkeit zur heißen Creme gegossen haben, und die Hitzezufuhr war zu stark.

Creme ist schleimig? Zu viel Pfeilwurzelmehl verwendet.

Glasur ist nicht luftig? Die Margarine hatte nicht die richtige Temperatur. Sie muss Zimmertemperatur besitzen, darf aber auch nicht zu weich und ölig sein. Vielleicht haben Sie Kakaopulver und Zucker nicht gesiebt oder während des Aufschlagens kalte Flüssigkeit hinzugefügt.

Schokolade ist beim Schmelzen über dem Wasserbad geronnen? Die Hitzezufuhr war zu stark, die Schüssel hat das Wasser berührt (darf sie nicht), Sie haben nicht kontinuierlich gerührt oder ein Tropfen Wasser hat seinen Weg in die schmelzende Schokolade gefunden. Trocknen Sie Schüssel und Löffel vorher gründlich ab und bedecken Sie die Schokolade während des Schmelzens nicht mit einem Deckel.

Filo-/Yufkateig

Während der Zubereitung eines Strudels zerbrochen? Die Teigblätter wurden nicht abgedeckt und sind ausgetrocknet. Decken Sie sie mit einem feuchten Tuch ab, während Sie den Strudel zusammensetzen, und bewahren Sie übrige Teigblätter in Frischhaltefolie gewickelt oder in einem verschlossenen Plastikbeutel im Kühlschrank auf.

Nach dem Backen zerbrochen? Bedecken Sie den Strudel nach dem Backen mit einem trockenen Küchentuch und lassen Sie ihn abkühlen. Dadurch wird die Kruste aufgelockert. Es empfiehlt sich, vor dem Backen auf dem Strudel mit einem scharfen Messer die Stellen zu markieren, an denen Sie ihn später schneiden möchten. So bleibt die Kruste unversehrt.

Grundrezept Schokoladenkuchen

Den Backofen auf 180 °C vorheizen.

Milch und Essig in einer Schüssel vermischen und für 10 Minuten beiseitestellen.

Helles Mehl, Natron, Backpulver, Kakao und Salz in eine Rührschüssel sieben, dann (Weizen-) Vollkornmehl und Zimt hinzufügen und alles gut vermischen.

Sirup *, Öl und Orangen- bzw. Zitronenschale zur Essigmischung geben und gut verrühren. Mit einem Teigspatel behutsam unter die trockenen Zutaten heben. Achten Sie darauf, nicht zu lange zu rühren, sonst wird der Kuchen zäh. Sobald eine homogene Masse entstanden ist, diese in die vorbereitete Backform füllen und mit dem Teigspatel glattstreichen.

Im vorgeheizten Backofen 20–25 Minuten lang backen, bis an einem in die Mitte gesteckten Spieß keine Teigreste mehr haften. Die Backform öffnen und den Kuchen vollständig erkalten lassen.

Wenn der Kuchen kalt ist, das Backpapier abziehen. Mit einem langen Messer quer halbieren. Falls sich beim Backen eine Kuppel gebildet hat, Sie aber lieber eine glatte Oberfläche möchten, können Sie sie abschneiden.

Die Konfitüre mit dem Rum oder Saft in einem kleinen Topf zum Kochen bringen. Beide Kuchenschichten damit bestreichen. Dadurch wird der Kuchen saftig und Glasuren können nicht einziehen. Abkühlen lassen.

Den unteren Kuchenboden wieder in die Springform legen und den Ring schließen. Jetzt kann der Kuchen belegt oder gefüllt werden.

* Falls Sie den Kuchen ohne Füllung oder Glasur servieren, geben Sie noch etwas zusätzlichen Sirup zur Masse oder bestreichen Sie den Kuchen nach dem Backen mit etwas Süßem.

Für einen Kuchen mit 28 cm Durchmesser

450 ml Sojamilch
1 TL Apfelessig
260 g Mehl
1 TL Natron
1 TL Backpulver
60 g Kakaopulver
¼ TL Salz
60 g (Weizen-)Vollkornmehl
¼ TL gemahlener Zimt
170 g Ahornsirup
100 g Sonnenblumen- oder Distelöl
Geriebene Schale von 1 Orange oder Zitrone
125 g Fruchtkonfitüre
2 TL Rum oder Saft von ½ Orange oder Zitrone

1 Springform mit 28 cm Durchmesser, der Boden mit Backpapier ausgelegt und geölt

12–15 Stücke

Für einen Kuchen mit 23 cm Durchmesser

300 ml Sojamilch
⅔ TL Apfelessig
180 g Mehl
⅔ TL Natron
⅔ TL Backpulver
40 g Kakaopulver
1 Pr Salz
40 g (Weizen-)Vollkornmehl
1 Pr gemahlener Zimt
120 g Ahornsirup
70 g Sonnenblumen- oder Distelöl
Geriebene Schale von 1 Orange oder Zitrone
80 g Fruchtkonfitüre
2 TL Rum oder Saft von ½ Orange oder Zitrone

1 Springform mit 23 cm Durchmesser, der Boden mit Backpapier ausgelegt und geölt

8–12 Stücke

Grundrezept Nusskuchen

Den Backofen auf 180 °C vorheizen.

Milch und Essig in einer Schüssel vermischen und für 10 Minuten beiseitestellen.

Ganze Nüsse mit der Gewürzmühle oder in der Küchenmaschine fein mahlen.

Helles Mehl, Natron, Backpulver, Speisestärke, Vanille und Salz in eine Rührschüssel sieben, dann Nüsse, (Weizen-)Vollkornmehl und Leinsamen hinzufügen und alles gut vermischen.

Öl und Sirup * unter die Essigmischung rühren. Mit einem Teigspatel behutsam unter die trockenen Zutaten heben. Nicht zu lange zu rühren. Sobald eine homogene Masse entstanden ist, diese in die vorbereitete Backform füllen und mit dem Teigspatel glattstreichen.

Im vorgeheizten Backofen 20–25 Minuten lang backen, bis an einem in die Mitte gesteckten Spieß keine Teigreste mehr haften. Die Backform öffnen und den Kuchen vollständig erkalten lassen.

Wenn der Kuchen kalt ist, das Backpapier abziehen. Mit einem langen Sägemesser quer halbieren. Falls sich beim Backen eine Kuppel gebildet hat, Sie aber lieber eine glatte Oberfläche möchten, können Sie sie abschneiden.

Die Konfitüre mit dem Rum oder Wasser in einem kleinen Topf zum Kochen bringen. Beide Kuchenschichten damit bestreichen. Dadurch wird der Kuchen saftig und Glasuren können nicht einziehen. Abkühlen lassen.

Den unteren Kuchenboden wieder in die Springform legen und den Ring schließen. Jetzt kann der Kuchen belegt oder gefüllt werden.

* Falls Sie den Kuchen pur servieren (ohne Füllung oder Glasur), geben Sie noch etwas zusätzlichen Sirup zur Masse oder bestreichen Sie den Kuchen nach dem Backen mit etwas Süßem.

Für einen Kuchen mit 28 cm Durchmesser

450 ml Sojamilch
1 TL Apfelessig
60 g gemahlene Nüsse, 60 g ganze Nüsse oder 50 g Kokosraspel
210 g Mehl
1 TL Natron
1 ½ TL Backpulver
40 g Speisestärke
¼ TL Bourbon-Vanillepulver oder ½ TL Vanilleextrakt
¼ TL Salz
60 g (Weizen-)Vollkornmehl
1 EL gemahlene Leinsamen
100 g Sonnenblumen- oder Distelöl
160 g brauner Reissirup
125 g Fruchtkonfitüre
2 TL Rum oder Wasser

1 Springform mit 28 cm Durchmesser, der Boden mit Backpapier ausgelegt und geölt

12–15 Stücke

Für einen Kuchen mit 23 cm Durchmesser

360 ml Sojamilch
⅔ TL Apfelessig
50 g gemahlene Nüsse, 50 g ganze Nüsse oder 40 g Kokosraspel
170 g Mehl
¾ TL Natron
1 ¼ TL Backpulver
30 g Speisestärke
¼ TL Bourbon-Vanillepulver oder ½ TL Vanilleextrakt
1 Pr Salz
50 g (Weizen-)Vollkornmehl
2 ½ TL gemahlene Leinsamen
80 g Sonnenblumen- oder Distelöl
130 g brauner Reissirup
100 g Fruchtkonfitüre
2 TL Rum oder Wasser

1 Springform mit 23 cm Durchmesser, der Boden mit Backpapier ausgelegt und geölt

8–12 Stücke

Süßer Pie-Teig

Weizenmehl, Maismehl, Salz und Backpulver in einer Küchenmaschine unter Verwendung der Pulstaste vermischen. Margarine hinzufügen und die Pulstaste weitere 6–8 Mal betätigen, bis die Mischung groben Semmelbröseln ähnelt. Sirup und Zitronenschale hinzufügen und die Pulstaste noch ein paar Mal betätigen.

Das eiskalte Wasser esslöffelweise unterkneten, bis die Mischung anfängt zu verklumpen. Wenn Sie ein wenig von dem krümeligen Teig zusammendrücken und er zusammenhält, ist er fertig. Wenn nicht, fügen Sie noch ein wenig Wasser hinzu. Geben Sie nicht zu viel Wasser dazu, sonst wird der Teig hart.

Den Teig auf einer leicht bemehlten Arbeitsfläche gerade so lange kneten, dass sich eine Kugel formen lässt. Zu einer Scheibe formen, in Frischhaltefolie wickeln und mindestens 1 Stunde lang in den Kühlschrank legen. Wenn Sie es eilig haben, können Sie den Teig auch für 15 Minuten ins Gefrierfach legen. Wenn der Teig aus dem Kühlschrank kommt, lassen Sie ihn vor dem Ausrollen 5–10 Minuten bei Zimmertemperatur ruhen.

Den Backofen auf 180 °C vorheizen und mit dem entsprechenden Rezept fortfahren.

400 g Weizenmehl
150 g feines Maismehl
3 TL Backpulver
½ TL Salz
240 g kalte ungehärtete Margarine
130 g brauner Reissirup oder Agavendicksaft
Geriebene Schale von 1 Zitrone
70–110 ml eiskaltes Wasser

1 40 x 28 cm (für einen dünneren Boden) oder 30 x 23 cm (für einen dickeren Boden) große Backform

Pizza- und Focacciateig

Die Zutaten für den Vorteig in einer Rührschüssel vermischen, zudecken und 30 Minuten lang ruhen lassen.

Für den Teig beide Mehlsorten und das Salz in einer Schüssel vermischen. Wasser, Öl und Milch verrühren, zum Vorteig geben und gründlich vermischen. Zuletzt die trockenen Zutaten mit einem Holzlöffel untermischen.

Den Teig auf einer leicht bemehlten Arbeitsfläche 5 Minuten lang kneten, bis er weich und leicht klebrig ist. Während des Knetens etwas Mehl hinzufügen. Den Teig in eine große geölte Schüssel legen und die Oberfläche des Teiges ebenfalls mit ein wenig Öl einreiben. Die Schüssel mit einem sauberen feuchten Tuch bedecken und den Teig an einem warmen Ort 2 ½ Stunden gehen lassen.

Für Pizza den Teig erneut kneten und weitere 45 Minuten lang gehen lassen. Sie können so tun, als seien Sie ein echter „Pizzaiolo", und den Teig mit den Händen auseinanderziehen, oder Sie verwenden ein Nudelholz, um den Teig auf die Größe der Backform auszurollen. Den Teig mit Zutaten Ihrer Wahl belegen und in einem auf 200 °C vorgeheizten Ofen 15–20 Minuten lang backen.

Für Focaccia den Teig durch behutsames Drücken von der Mitte nach außen so formen, dass er in die vorbereitete Backform passt. Die Teigplatte mit dem Finger mehrmals eindrücken. Mit Olivenöl beträufeln, zudecken und nochmals 2 Stunden lang gehen lassen.

Den Teig mit Gewürzen Ihrer Wahl bestreuen. In einem auf 180 °C vorgeheizten Backofen in 20 Minuten goldgelb und knusprig backen.

Vorteig
40 g Roggenmehl
55 ml lauwarmes Wasser
9 g aktive Trockenhefe (ohne Zusätze)

Teig
200 g Dinkelmehl
30 g (Weizen-)Vollkornmehl
½ TL Salz
110 ml lauwarmes Wasser
1 EL Olivenöl und zusätzlich zum Einölen
1 EL Sojamilch

1 40 x 28 cm (für Pizza) oder 30 x 23 cm (für Focaccia) große Backform, gut eingeölt

Oben und unten
Pizza- und Focacciateig, süßer Pie-Teig

KAPITEL 1

Einfache Kuchen und Muffins

Zum Frühstück, am Vormittag, zum Nachmittagstee/-kaffee oder für eine Freundin – es gibt unzählige Gelegenheiten, zu denen einfache Kuchen und Muffins passen. Bei dem Gebäck in diesem Kapitel liegt der Schwerpunkt auf frischen und getrockneten Früchten, Nüssen und Samen wie Quinoa, und es kann ohne Schuldgefühle gegessen werden. Es befriedigt die Lust nach Süßem und versorgt Sie gleichzeitig mit lang anhaltender Energie.

Muffins können gesund sein und voller nahrhafter Zutaten und Ballaststoffe stecken! Diese hier sind ideal fürs Frühstück und ein guter Ersatz für ein Marmeladenbrot, falls Sie mal keine Zeit zum Hinsetzen haben. Backen Sie die Muffins am Abend vorher, schlafen Sie morgens 20 Minuten länger und genießen Sie sie auf dem Weg zur Arbeit!

Frühstücksmuffins mit Äpfeln und Konfitüre

Den Backofen auf 180 °C vorheizen.

Beide Mehlsorten, Backpulver, Salz und Zimt in eine Schüssel sieben und gründlich vermischen.

In einer separaten Schüssel Milch, Sirup, Öl, Zitronensaft und -schale vermischen.

Den Inhalt beider Schüsseln mit einem Silikonspatel behutsam vermischen. Rühren Sie nicht zu viel, sonst werden die Muffins zäh. Äpfel und Rosinen vorsichtig unterheben.

9 Muffinförmchen zur Hälfte mit Teig füllen, darauf jeweils 1 Teelöffel Konfitüre geben. Darauf wiederum etwas Teig geben, aber die Förmchen insgesamt nur zu drei Vierteln füllen. Wenn noch Teig übrig ist, können Sie weitere Förmchen damit füllen.

Im vorgeheizten Backofen in ca. 30 Minuten goldbraun backen.

Aus der Backform nehmen und auf einem Kuchengitter abkühlen lassen.

200 g Mehl
60 g (Weizen-)Vollkornmehl
2 ½ TL Backpulver
¼ TL Salz
½ TL gemahlener Zimt
300 ml Sojamilch
130 g brauner Reissirup
100 g Distel- oder Kokosöl
Frisch gepresster Saft und geriebene Schale von 1 Zitrone
1 kleiner Apfel, geschält, entkernt und gewürfelt
60 g Rosinen
100 g Aprikosenkonfitüre (oder eine andere)

1 12er-Muffinbackform, mit Papierförmchen ausgekleidet

9–12 Stück

Marmorkuchen, Marmorschnitten, Marmorgugelhupf – marmoriertes Gebäck verfolgt mich schon mein ganzes Leben lang, weil jede Familie um mich herum ihr ganz eigenes Rezept für diese hell-dunkle Kuchenkreation besitzt. Also habe ich mir geschworen, dass auch ich eines Tages mein ganz eigenes, besonderes Rezept für eine marmorierte Süßspeise haben würde! Und hier ist es, in Form dieser wunderbar saftigen Muffins mit Bananen- und Kakaogeschmack. Versuchen Sie Kokosmilch zu verwenden, weil sie dem Teig eine besondere Konsistenz verleiht. Wenn man stattdessen aber mehr Sojamilch nimmt, funktioniert das Rezept trotzdem. Dasselbe gilt für die Kakaosplitter, die durch zusätzliche 1 ½ Esslöffel Kakaopulver ersetzt werden können.

Marmorierte Energiemuffins

1 EL rohe Kakaosplitter
130 g Mehl
60 g (Weizen-)Vollkornmehl
¼ TL Bourbon-Vanillepulver
1 TL Backpulver
½ TL Natron
¼ TL Salz
100 g Kokosöl
110 ml Kokosmilch
170 ml Sojamilch
½ TL Apfelessig
170 g Ahornsirup
1 reife Banane
¼ TL Mandelextrakt (optional)
Geriebene Schale von 1 Zitrone
1 EL rohes Kakaopulver

1 12er-Muffinbackform, mit Papierförmchen ausgekleidet

10–12 Stück

Den Backofen auf 180 °C vorheizen.

Die Kakaosplitter in einer Kaffee- oder Gewürzmühle zu grobem Pulver mahlen.

Beide Mehlsorten, Vanillepulver, Backpulver, Natron und Salz in eine Schüssel sieben und gründlich vermischen.

Falls das Kokosöl fest geworden ist, stellen Sie das Glas in eine Schüssel mit heißem Wasser, bis es wieder flüssig ist. Kokosöl, Kokos- und Sojamilch, Essig, Sirup, Banane, Mandelextrakt (falls gewünscht) und Zitronenschale in der Küchenmaschine zu einer glatten und homogenen Flüssigkeit verarbeiten.

Die trockenen und flüssigen Zutaten mit einem Silikonspatel behutsam vermischen.

Ein Drittel der Masse in einer separaten Schüssel mit den gemahlenen Kakaostückchen und dem Kakaopulver vermischen.

Den hellen Teig auf 10–12 Muffinförmchen verteilen. Darauf je einen Löffel dunklen Teig geben und mit einem Spieß die beiden Teigsorten marmorieren.

Im vorgeheizten Backofen 18–20 Minuten lang backen.

Aus der Backform nehmen und auf einem Kuchengitter abkühlen lassen. Diese Muffins eignen sich großartig für ein Picknick oder die Mittagspause!

Dies ist ein sehr einfaches Rezept für Muffins, die saftig, fruchtig und auch ein wenig nussig sind. Die gerösteten Weizenkeime verleihen ihnen eine schöne goldene Farbe und sorgen für das gewisse Extra an Geschmack, Mineralien, Vitaminen und Ballaststoffen. Sie finden sie im Reformhaus und können sie nicht nur zum Backen verwenden, sondern auch in Müslis, Salaten und Smoothies.

Sommermuffins mit Himbeeren und Brombeeren

Den Backofen auf 180 °C vorheizen.

Beide Mehlsorten, Natron, Backpulver und Salz in eine Schüssel sieben, gemahlene Haselnüsse und geröstete Weizenkeime (falls gewünscht) hinzufügen. Gründlich vermischen.

Milch, Sirup, Öl, Zitronensaft und Apfel in einer Küchenmaschine zu einer glatten und homogenen Flüssigkeit verarbeiten.

Die trockenen und flüssigen Zutaten mit einem Silikonspatel behutsam vermischen. Rühren Sie nicht zu viel, sonst werden die Muffins zäh.

Den Teig auf die Muffinförmchen verteilen. In jeden Muffin 2 Himbeeren und 2 Brombeeren drücken, sodass sie zur Hälfte im Teig stecken.

Im vorgeheizten Backofen 25–30 Minuten lang backen.

Ein paar Minuten lang in der Backform abkühlen lassen, dann zum Erkalten auf ein Kuchengitter setzen.

325 g Mehl
65 g (Weizen-)Vollkornmehl
1 ½ TL Natron
1 TL Backpulver
¼ TL Salz
65 g fein gemahlene Haselnüsse
25 g geröstete Weizenkeime (optional)
420 ml Sojamilch
200 g brauner Reissirup
150 g Sonnenblumenöl
Frisch gepresster Saft von ½ Zitrone
100 g Apfel, geschält, entkernt und klein geschnitten
24 Himbeeren
24 Brombeeren

1 12er-Muffinbackform, mit Papierförmchen ausgekleidet

12 Stück

Im kroatischen Teil Istriens ist es eine alte Tradition, dass die Gäste zu einer Hochzeit einen hellen (ursprünglich italienischen) Rührkuchen mitbringen, der sich „Pan di Spagna" nennt. Jeder Gast verleiht seinem Kuchen eine persönliche Note durch die Auswahl der Nüsse, Früchte und Dekoration. Dies hier ist meine vegane Version des „Pan di Spagna" oder, wenn Sie so wollen, „Pan d'Istria".

Pan di Spagna

90 g feines Maismehl
120 g Weizenmehl
45 g (Weizen-)Vollkornmehl
3 TL Backpulver
1 TL Natron
¼ TL Salz
¼ TL Bourbon-Vanillepulver
60 g Pinienkerne
40 g gehackte Walnüsse
150 ml Sojamilch
1 TL Apfelessig
65 g Olivenöl
85 g brauner Reissirup oder Agavendicksaft
2 EL Grappa, Weinbrand oder Rum
Geriebene Schale und frisch gepresster Saft von 1 Zitrone
90 g klein geschnittene getrocknete Feigen
Feiner unraffinierter Zucker zum Bestäuben

1 Springform mit 23 cm Durchmesser, der Boden mit Backpapier ausgelegt und geölt

ca. 10 Portionen

Den Backofen auf 180 °C vorheizen.

Alle Mehle, Backpulver, Natron, Salz und Vanillepulver in eine Schüssel sieben und gründlich vermischen. Pinienkerne und Walnüsse untermischen.

In einer separaten Schüssel Milch, Essig, Öl, Sirup, Alkohol, Zitronensaft und -schale vermischen. Getrocknete Feigen gründlich unterrühren.

Den Inhalt beider Schüsseln mit einem Silikonspatel behutsam vermischen. Rühren Sie nicht zu viel, sonst wird der Kuchen zäh und geht nicht richtig auf.

Die Masse in die vorbereitete Backform füllen und mit dem Spatel glattstreichen. Im vorgeheizten Backofen 30–35 Minuten lang backen.

In der Backform erkalten lassen. Wenn Sie möchten, können Sie den Kuchen unmittelbar vor dem Servieren mit ein bisschen gemahlenem unraffinierten Zucker bestäuben.

Castagnaccio bzw. Kastanienkuchen ist ein traditionelles toskanisches Gebäck ohne viel Zucker und ohne Eier. Da es auf der istrischen Halbinsel ebenfalls viele Kastanienbäume gibt, habe ich während meiner Kindheit und Jugend viele verschiedene, sowohl süße als auch herzhafte Gerichte mit Kastanien gegessen. Dieser Kuchen hier befindet sich irgendwo dazwischen: Durch das Kastanienmehl erhält er eine milde Süße, aber da kein anderes Süßungsmittel verwendet wird, ist er nicht der typische süße Kuchen, den man vielleicht erwartet. Und doch ist er wunderbar einfach und lecker.

Castagnaccio

60 g Rosinen
1 EL Rum
300 g Kastanienmehl
¼ TL Salz
¼ TL Bourbon-Vanillepulver
Geriebene Schale von 1 Orange
50 g Olivenöl
450–625 ml Reismilch
60 g Pinienkerne
60 g gehackte Haselnüsse
Nadeln von 1 frischen Rosmarinzweig
Geschlagene Sojasahne oder Agavendicksaft zum Servieren

1 Springform mit 24 cm Durchmesser, gut eingeölt

ca. 8 Portionen

Die Rosinen in einer Schüssel mit dem Rum und 2 Esslöffeln heißem Wasser einweichen. In der Zwischenzeit die anderen Zutaten vorbereiten.

Den Backofen auf 200 °C vorheizen.

Mehl, Salz und Vanillepulver in eine Schüssel sieben, dann die Orangenschale und die Hälfte des Öls untermischen. Die Milch langsam unterschlagen und nur so viel hinzufügen, dass ein glatter, weicher Teig entsteht. Er sollte so weich sein, dass er vom Schneebesen fällt, aber nicht zu flüssig.

Die eingeweichten Rosinen abgießen, trockentupfen und unter den Teig mischen.

So viel Teig in die vorbereitete Backform füllen, dass er ca. 2 cm hoch (oder etwas niedriger) in der Form steht.

Pinienkerne, Haselnüsse und Rosmarinnadeln gleichmäßig über den Kuchen streuen und vorsichtig festdrücken. Mit etwas Olivenöl beträufeln.

Im vorgeheizten Backofen 30–40 Minuten lang backen, bis sich eine dünne rissige Kruste gebildet hat. Das Innere sollte noch weich und feucht sein. In der Backform erkalten lassen.

Mit einem Klecks Soja-Schlagsahne oder mit Agavendicksaft beträufelt servieren. In einer Frischhaltedose hält sich der Kuchen ein paar Tage lang.

Ich liebe den Geschmack und die Konsistenz dieses Kuchens. Durch die Süßkartoffel erhält er zusätzliches Vitamin A und extra Ballaststoffe und sieht interessant aus. Ich verwende auch gerne Kürbis oder Rhabarber auf dieselbe Weise, wenn es keine Süßkartoffeln gibt.

Süßkartoffelkuchen

125 g geschälte und gewürfelte Süßkartoffel
130 g Weizenmehl
65 g (Weizen-)Vollkornmehl
1 TL Natron
1 TL Backpulver
¼ TL Salz
100 g unraffinierter brauner Zucker
110 ml Sprudel
3 EL Apfelsaftkonzentrat (Alternative s. Rezept)
65 g Sonnenblumenöl
100 g weicher Tofu
100 ml Hafer- oder Sojasahne

1 1-kg-Kastenform, mit Backpapier ausgekleidet

8–10 Scheiben

Den Backofen auf 180 °C vorheizen.

Die Süßkartoffelwürfel in 10 Minuten lang weich, aber bissfest dämpfen.

Beide Mehlsorten, Natron, Backpulver und Salz in eine Schüssel sieben und gründlich vermischen.

Sprudel und Apfelsaftkonzentrat vermischen. Man kann stattdessen auch Apfelsaft nehmen, aber der Sprudel funktioniert gut mit dem Natron und dem Backpulver, und der Kuchen wird schön feucht und elastisch.

In einer separaten Schüssel Apfelsaft, Öl, Tofu und Sahne zu einer homogenen Masse verrühren.

Die trockenen und flüssigen Zutaten gründlich miteinander vermischen. Die gedämpften Süßkartoffelwürfel unterheben, ein paar für die Dekoration aufheben.

Die Masse in die vorbereitete Backform füllen und mit einem Teigspatel glattstreichen. Die zurückbehaltenen Süßkartoffelwürfel darüberstreuen und etwas festdrücken.

Im vorgeheizten Backofen 25 Minuten lang backen, bis an einem in die Mitte gesteckten Spieß keine Teigreste mehr haften. 10 Minuten lang in der Backform abkühlen lassen, dann aus der Form nehmen, das Backpapier abziehen und den Kuchen auf einem Kuchengitter erkalten lassen.

Servieren Sie eine Scheibe des Kuchens mit einer Tasse warmem, mit Zitrone oder Limette aromatisiertem Grüntee. Am besten hält man den Kuchen feucht, indem man ihn in ein sauberes Geschirrtuch wickelt.

Dies hier ist ein Rezept für eine (meiner Meinung nach) gesunde Kombination von Zutaten, die mit ein bisschen Liebe und Aufwand in einen äußerst leckeren Kastenkuchen verwandelt wird, der die ganze Familie glücklich macht. Außerdem können viele der im Rezept angegebenen Zutaten je nach Belieben durch andere Früchte, Nüsse und Samen ersetzt werden.

Üppiges Teebrot

60 g getrocknete Pflaumen
60 g Datteln
40 g getrocknete Cranberrys
2 EL getrocknete Gojibeeren
60 g Rosinen
330 ml starker, heißer Tee (z. B. Hagebutte und Anis)
3 EL brauner Reis- oder Ahornsirup
Frisch gepresster Saft und geriebene Schale von 1 Orange
65 g Sonnenblumenöl
200 g Mehl (z. B. Dinkelmehl mit Weizenmehl)
1 TL Backpulver
1 TL Natron
¼ TL Salz
½ TL gemahlener Zimt
¼ TL geriebene Muskatnuss
¼ TL gemahlener Ingwer
110 g gehackte Cashewkerne
110 g gehackte Walnüsse
3 EL gehackte Haselnüsse oder Pinienkerne

1 1-kg-Kastenform, geölt

8–10 Scheiben

Die Trockenfrüchte in ungefähr rosinengroße Stückchen zerkleinern. In eine Rührschüssel geben und mit dem heißen Tee übergießen. Mindestens 30 Minuten lang einweichen lassen.

Den Backofen auf 180 °C vorheizen.

Sirup, Orangensaft, -schale und Öl zu den eingeweichten Früchten geben und gut vermischen.

In einer separaten Schüssel Mehl, Backpulver, Natron, Salz, Zimt, Muskatnuss, Ingwer, Cashewkerne, Walnüsse sowie Haselnüsse oder Pinienkerne miteinander vermischen. Diese Mischung zur Fruchtmischung geben und alles mit einem Holzlöffel gründlich verrühren.

Die Masse in die vorbereitete Kastenkuchenform füllen und mit einem Teigspatel glattstreichen. Im vorgeheizten Backofen 45–55 Minuten lang backen, bis an einem in die Mitte gesteckten Spieß keine Teigreste mehr haften. 10 Minuten in der Backform abkühlen lassen, dann herausnehmen und auf einem Kuchengitter erkalten lassen.

Servieren Sie eine Scheibe des Kuchens mit einer heißen Tasse der Teesorte, die Sie für den Kuchen verwendet haben!

Das hier sind nicht irgendwelche Scones: Sie stecken voller Ballast- und Nährstoffe und sind total zuckerfrei! Quinoa ist in meiner Küche wohl das am häufigsten verwendete Getreide, weshalb ich immer irgendwelche Reste im Kühlschrank habe. Eines Tages fand ich eine großartige Möglichkeit, etwas davon aufzubrauchen, indem ich vorgekochtes Quinoa unter meinen Sconeteig mischte. Eine Spur Trockenfrüchte und Agavendicksaft verleihen ihnen einen leicht süßen Geschmack, sodass Sie sie mit Ihrer Lieblingskonfitüre bestreichen können. Diese Scones sind ein tolles Frühstück, eine tolle Zwischenmahlzeit und ein toller Reiseproviant – im Grunde sind sie zu jeder Tageszeit toll, egal wo!

Quinoa-Scones

5 EL gekochtes Quinoa (Alternative s. Rezept)
130 g Weizenmehl
60 g (Weizen-)Vollkornmehl
2 TL Backpulver
½ TL Salz
45 g kalte ungehärtete Margarine
1 EL Maisgrieß
110 ml Buttermilch (aus 110 ml Sojamilch, die mit ½ TL Apfelessig vermischt und 5–10 Minuten lang stehen gelassen wurde)
30 g Trockenfrüchte nach Wahl (Rosinen, Dattel etc.)
3 EL brauner Reissirup oder Agavendicksaft

1 mit Backpapier ausgelegtes Backblech

10 Stück

Falls Sie das Quinoa frisch kochen wollen, bringen Sie 250 ml Wasser in einem Topf zum Kochen, fügen Sie 90 g Quinoa und 1 Prise Salz hinzu. Hitze reduzieren und das Quinoa 20 Minuten lang köcheln lassen, bis es das ganze Wasser aufgenommen hat. Abkühlen lassen.

Den Backofen auf 200 °C vorheizen.

Beide Mehlsorten, Backpulver und Salz in eine Schüssel sieben. Die Margarine hinzufügen und so lange mit den trockenen Zutaten verreiben, bis die Mischung feinen Semmelbröseln ähnelt. Quinoa und Maisgrieß unterrühren.

In einer separaten Schüssel Buttermilch, Trockenfrüchte und Sirup miteinander vermischen. Zu den trockenen Zutaten gießen und mit einem Teigspatel zügig zu einem weichen Teig verrühren.

Mit einem Esslöffel kleine Portionen vom Teig abnehmen und 10 Teighäufchen mit etwas Abstand auf das vorbereitete Backblech setzen. Die Scones ein wenig flachklopfen.

Im vorgeheizten Backofen 15–20 Minuten lang backen, bis die Scones aufgegangen und goldgelb sind. Kurz auf dem Backblech abkühlen lassen.

Die Scones schmecken großartig, wenn man sie frisch und ofenwarm mit einem Klecks Konfitüre serviert, aber auch kalt, im Backofen aufgewärmt oder getoastet sind sie sehr lecker.

KAPITEL 2

Torten

Für einen Geburtstag, ein besonderes Essen, eine vegane Teeparty, Muttertag, Vatertag und alles, was dazwischen liegt – das ist Ihre Chance, alle Register zu ziehen. Diese tollen Torten bestehen aus mehreren Schichten, sind üppig, Aufsehen erregend und mit Liebe gemacht. Nehmen Sie sich also ein bisschen Zeit, ziehen Sie Ihre Schürze an, drehen Sie das Radio auf und genießen Sie es, einen besonderen Kuchen für einen besonderen Menschen zu backen.

Von allen Torten, die ich sowohl für Kinder- als auch für Erwachsenengeburtstage backe, ist das die beliebteste. Sie steckt voller Schokoladengeschmack, ist saftig und sehr leicht. Niemand würde jemals darauf kommen, dass diese Torte vegan und super gesund ist.

Schokoladentorte

Grundrezept Schokoladenkuchen (siehe S. 18 und Anleitung auf dieser Seite)
Vegane Schokoladenspäne zum Dekorieren

Schokoladencreme
1,5 l Soja- oder Hafermilch mit Schokoladengeschmack
195 g Agavendicksaft
2 EL Kakaopulver
2 ½ TL Agarpulver oder 7 TL Agarflocken
3 EL Speisestärke/Maisstärke
100 g fein gehackte vegane dunkle Schokolade (70 % Kakaoanteil)

1 Springform mit 28 oder 23 cm Durchmesser, der Boden mit Backpapier ausgelegt und eingeölt

12–15 Portionen

Backen Sie den Schokoladenkuchen nach dem Grundrezept auf S. 18. Wenn Sie den Kuchen wie beschrieben gebacken und vorbereitet haben, legen Sie die untere Teigschicht wieder in die Springform und legen Sie die obere Schicht beiseite, während Sie die Füllung zubereiten.

Für die Schokoladencreme Milch und Sirup in einen großen Topf geben, Kakaopulver und Agar hinzufügen. Bei mittlere Hitze unter Rühren zum Kochen bringen. Die Hitzezufuhr reduzieren, die Flüssigkeit 4–5 Minuten (Agar-Pulver) oder 10–12 Minuten (Flocken) köcheln lassen, bis das Agar vollständig geschmolzen ist.

Die Speisestärke mit 3 Esslöffeln kaltem Wasser vermischen.

Die Schokolade zur heißen Creme geben und so lange kräftig schlagen, bis sie vollständig geschmolzen ist. Auf niedrigster Stufe langsam die Speisestärke hinzufügen und weiterhin kräftig rühren. Noch einmal aufkochen lassen, dann vom Herd nehmen. Etwas abkühlen und ca. 20 Minuten lang leicht eindicken lassen. Einmal kurz durchrühren, dann in zwei Portionen teilen.

Eine Portion der warmen Creme auf den Tortenboden in der Springform geben. Ca. 10 Minuten lang fest werden lassen, bis sich auf der Oberseite ein dünner Film bildet. Den zweiten Tortenboden vorsichtig auflegen. Ein paar Minuten warten, dann langsam die zweite Portion Creme in die Springform geben. Auf Zimmertemperatur abkühlen lassen, anschließend für mindestens 6 Stunden oder über Nacht in den Kühlschrank stellen.

Zum Servieren mit einem Palettenmesser zwischen Torte und Springformrand entlangfahren und die Form lösen. Die Torte sollte jetzt schön fest und rundum von glänzender Creme bedeckt sein. Mit Schokoladenspänen dekorieren und mit einem scharfen, in heißes Wasser getauchten Messer in Stücke schneiden.

Die Torte hält sich in einer Frischhaltedose im Kühlschrank 5 Tage lang.

Wenn Sie verrückt nach Nüssen, vor allem nach Haselnüssen sind, dann werden Sie sich nach einem Stück dieser Torte wie im Himmel fühlen! Meine beiden Großmütter haben Nüsse häufig zum Backen verwendet und ich mag sie auch sehr gern, besonders im Herbst und Winter.

Haselnusstorte

Grundrezept Nusskuchen (siehe S. 19 und Anleitung auf dieser Seite, Haselnüsse verwenden)
120 g geröstete Haselnüsse, grob gehackt, zum Dekorieren

Haselnusscreme
1,5 l Soja- oder Hafermilch mit Vanillegeschmack
195 g brauner Reissirup
2 ½ TL Agarpulver oder 7 TL Agarflocken
160 g geröstete Haselnüsse oder 100 g Haselnussbutter
3 EL Vanillepuddingpulver oder Speisestärke/Maisstärke

1 Springform mit 28 oder 23 cm Durchmesser, der Boden mit Backpapier ausgelegt und eingeölt

12–15 Portionen

Backen Sie den Nusskuchen nach dem Grundrezept auf S. 19, verwenden Sie Haselnüsse. Wenn Sie den Kuchen wie beschrieben gebacken und vorbereitet haben, legen Sie die untere Teigschicht wieder in die Springform und legen Sie die obere Schicht beiseite, während Sie die Füllung zubereiten.

Für die Haselnusscreme Milch und Sirup in einen großen Topf geben, das Agar hinzufügen. Bei mittlere Hitze unter Rühren zum Kochen bringen. Die Hitzezufuhr reduzieren, die Flüssigkeit 4–5 Minuten (Agar-Pulver) oder 10–12 Minuten (Flocken) köcheln lassen, bis das Agar vollständig geschmolzen ist.

In der Zwischenzeit – falls Sie ganze geröstete Haselnüsse verwenden – 100 g von den 160 g in einer Gewürzmühle oder Küchenmaschine fein mahlen, den Rest grob hacken und beiseitestellen.

Vanillepuddingpulver oder Speisestärke mit 3 Esslöffeln kaltem Wasser vermischen.

Die gemahlenen Nüsse bzw. die Nussbutter zur heißen Creme geben und mit dem Schneebesen kräftig unterrühren. Auf niedrigster Stufe langsam das Puddingpulver bzw. die Speisestärke hinzufügen, weiterhin kräftig rühren. Noch einmal aufkochen lassen, dann vom Herd nehmen. Etwas abkühlen und ca. 20 Minuten leicht eindicken lassen. Einmal kurz durchrühren, dann in zwei Portionen teilen.

Eine Portion der warmen Creme auf den Tortenboden in der Springform geben. Mit den zurückbehaltenen gehackten Haselnüssen bestreuen. Ca. 10 Minuten lang fest werden lassen, bis sich auf der Oberseite ein dünner Film bildet. Den zweiten Tortenboden vorsichtig auflegen. Ein paar Minuten lang warten, dann langsam die zweite Portion Creme in die Springform geben. Auf Zimmertemperatur abkühlen lassen, anschließend für mindestens 6 Stunden oder über Nacht in den Kühlschrank stellen.

Zum Servieren mit einem Palettenmesser zwischen Torte und Springformrand entlangfahren und die Form lösen. Die Torte sollte jetzt schön fest und rundum von glänzender Creme bedeckt sein. Mit den 120 g gehackten Haselnüssen für die Dekoration bestreuen und mit einem scharfen, in heißes Wasser getauchten Messer in Stücke schneiden.

Die Torte hält sich in einer Frischhaltedose im Kühlschrank 5 Tage lang.

Das ist die absolute Lieblingstorte meines Mannes! Wenn auch Sie gerne Torten mögen, die etwas gehaltvoller sind, dann wird sie Ihnen gefallen. Es ist ein großartiges Rezept, weil es relativ einfach ist und Sie statt der Erdbeeren auch andere Früchte verwenden können. Ich nehme oft Sauerkirschen, aber auch mit Bananen schmeckt die Torte toll, vor allem, wenn Ihre Gäste echte Süßschnäbel sind.

Kakao-Erdbeer-Torte

Entscheiden Sie vor Beginn, in welcher Größe Sie den Schokoladenkuchen nach dem Grundrezept auf S. 18 backen wollen – mit 23 cm Durchmesser für 8–12 Stücke oder mit 28 cm Durchmesser für 12–15 Stücke – und befolgen Sie die entsprechenden Anweisungen. Wenn Sie den Kuchen wie auf S. 18 beschrieben gebacken und vorbereitet haben, legen Sie die untere Teigschicht auf einen Servierteller und legen Sie die obere Schicht beiseite, während Sie die Füllung zubereiten.

Für die Kakao-Buttercreme den braunen Zucker in einer Gewürzmühle oder Küchenmaschine sehr fein mahlen. Es sollten sich ca. 2 Becher Puderzucker ergeben.

Kakaopulver und braunen Puderzucker in eine Schüssel sieben, Vanillepulver unterrühren.

In einer separaten großen Schüssel die Margarine mit dem elektrischen Handrührgerät cremig rühren. Nach und nach die gesiebten Zutaten gründlich unterschlagen. Falls die Masse trocken wird, etwas Milch hinzufügen. Einige Minuten schlagen, bis eine luftig-leichte Buttercreme entstanden ist.

Die Hälfte der Erdbeeren entstielen und in Scheiben schneiden, die andere Hälfte entstielen und halbieren.

Die Hälfte der Kakao-Buttercreme mit einem Palettenmesser auf den unteren Tortenboden streichen. Mit den Erdbeerscheiben belegen, den zweiten Tortenboden auflegen. Diesen mit der restlichen Buttercreme bestreichen und mit den Erdbeerhälften dekorieren.

Die Torte im Kühlschrank aufbewahren, aber 30 Minuten vor dem Servieren herausnehmen, weil die Buttercreme in der Kühlung fest wird.

Grundrezept Schokoladenkuchen (siehe S. 18 und Anleitung auf dieser Seite)
500 g Erdbeeren

Kakao-Buttercreme
200 g Demerara-Zucker oder anderer hochwertiger brauner Zucker (oder Puderzucker, s. Anleitung)
150 g Kakaopulver
½ TL Bourbon-Vanillepulver
450 g zimmerwarme ungehärtete Margarine
2–3 EL zimmerwarme Sojamilch

1 Springform mit 23 oder 28 cm Durchmesser, der Boden mit Backpapier ausgelegt und eingeölt

12–15 Portionen

Ich freue mich immer, wenn ich Kumquats auf dem Markt entdecke, denn ihr süßer Zitrusduft inspiriert mich stets zu neuen Rezepten. Hier habe ich eine Torte kreiert, bei der Kumquats und Zitronen die Schwere von Kakao und Buttercreme ausgleichen. Ich liebe den Kontrast zwischen dem dunklen Kuchen und der weißen Creme sowie den hellorangefarbenen Kumquatscheiben. Wenn Sie diese tollen kleinen Zitrusfrüchte noch nie probiert haben, dann müssen Sie das unbedingt nachholen! Sie werden im Ganzen gegessen (mit Schale und allem Drum und Dran), und die Schale ist sehr süß, während das Innere sauer und saftig ist. Sie können die Torte stattdessen auch mit dünnen Orangenspalten dekorieren.

Schwarz-weiße Torte mit Zitronen-Buttercreme

Grundrezept Schokoladenkuchen (siehe S. 18 und Anleitung auf dieser Seite)
ca. 8 Kumquats, gewaschen, zum Dekorieren

Zitronen-Buttercreme
200 g Demerara-Zucker oder anderer hochwertiger brauner Zucker (oder Puderzucker, s. Anleitung)
500 g zimmerwarme ungehärtete Margarine
7 EL frisch gepresster Zitronensaft
2–3 EL fein geriebene Zitronenschale
¼ TL Bourbon-Vanillepulver
2–3 EL zimmerwarme Sojamilch

1 Springform mit 23 cm Durchmesser, der Boden mit Backpapier ausgelegt und eingeölt

ca. 12 Portionen

Den Schokoladenkuchen nach dem Grundrezept auf S. 18 zubereiten und backen. Wenn der Kuchen abgekühlt ist, wie auf S. 18 beschrieben vorbereiten. Die untere Teigschicht auf einen Servierteller legen und die obere Schicht beiseitelegen, während Sie die Füllung zubereiten.

Für die Zitronen-Buttercreme den braunen Zucker in einer Gewürzmühle oder Küchenmaschine sehr fein mahlen. Es sollten sich ca. 2 Becher Puderzucker ergeben.

In einer separaten großen Schüssel die Margarine mit dem elektrischen Handrührgerät cremig rühren. Nach und nach den braunen Puderzucker (jeweils einen halben Becher) zusammen mit einem Spritzer Zitronensaft hinzufügen, bis beides aufgebraucht ist, und jeweils gründlich rühren. Zitronenschale und Vanillepulver unterschlagen sowie ein wenig Milch, falls die Masse zu trocken ist. So lange schlagen, bis eine luftig-leichte Buttercreme entstanden ist.

Ein Drittel der Buttercreme mit einem Palettenmesser auf den unteren Tortenboden streichen. Den zweiten Tortenboden auflegen und die Torte rundum gleichmäßig mit der restlichen Buttercreme überziehen.

Für die Dekoration die Kumquats (mit Schale) in dünne Scheiben schneiden und auf die Torte legen.

Die Torte im Kühlschrank aufbewahren, aber 30 Minuten vor dem Servieren herausnehmen, weil die Buttercreme in der Kühlung fest wird.

Schwarzwälder Kirschtorte ist bei meinen Freunden und Verwandten so beliebt, dass ich unbedingt eine vegane Version erfinden musste. Als es mir endlich gelang, kamen diese Cupcakes dabei heraus. Die Kombination aus Schokolade, Kirschen und Schlagsahne ist einfach unschlagbar.

Schwarzwälder Kirsch-Törtchen

130 g Mehl
65 g (Weizen-)Vollkornmehl
80 g Weizengrieß
45 g Kakaopulver
2 TL Backpulver
1 TL Natron
¼ TL Salz
100 g Sonnenblumenöl
260 g brauner Reissirup
170 ml Sojamilch
1 TL frisch gepresster Zitronensaft
Geriebene Schale von 2 Zitronen
60 g vegane zartbittere Schokolade, gehackt
360 g in Kirschwasser eingelegte Kirschen
1 TL Pfeilwurzelmehl
Geschlagene Sojasahne zum Dekorieren

Schokoladenglasur
130 g vegane zartbittere Schokolade, fein gehackt
50 ml pflanzliche Milch
2 EL brauner Reissirup

12er-Muffinbackform, mit Papierförmchen ausgekleidet

12 Stück

Den Backofen auf 180 °C vorheizen.

Beide Mehlsorten, Grieß, Kakaopulver, Backpulver, Natron und Salz in einer Schüssel vermischen.

In einer separaten Schüssel Öl, Sirup, Milch, Zitronensaft und -schale verrühren. Zu den trockenen Zutaten gießen und alles vorsichtig mit einem Holzlöffel vermischen. Die Schokolade unterheben.

Die Masse auf die Muffinförmchen verteilen.

Im vorgeheizten Backofen 20–25 Minuten lang backen. Ein paar Minuten lang in der Backform abkühlen lassen, dann die Muffins herausnehmen und zum Erkalten auf ein Kuchengitter setzen.

Für die Schokoladenglasur die Schokolade in einer hitzebeständigen Schüssel über einem heißen Wasserbad schmelzen lassen. In der Zwischenzeit die Milch in einem Topf bis kurz vor den Siedepunkt erhitzen. Die geschmolzene Schokolade zur heißen Milch gießen und mit einem Schneebesen verrühren. Den Sirup gründlich unterschlagen. 45 Minuten lang abkühlen lassen, bis die Glasur fest ist.

Die Kirschen abgießen, das Kirschwasser auffangen. Das Pfeilwurzelmehl mit ein paar Teelöffeln kaltem Wasser vermischen, dann in einem Topf mit dem Kirschwasser verrühren. Bei mittlerer Hitze unter Rühren ca. 2 Minuten lang erwärmen, bis die Flüssigkeit ein wenig eindickt.

Mit einem Teelöffel die erkalteten Cupcakes etwas aushöhlen, sodass kleine Mulden entstehen. In diese Mulden jeweils 1 Teelöffel Kirschwassersirup geben und 1 Kirsche hineinlegen. Die abgekühlte Schokoladenglasur noch einmal kurz aufschlagen und über die Cupcakes streichen. Jeden Cupcake mit einem Klecks Schlagsahne versehen, mit ein paar Kirschen belegen und mit Kirschwassersirup beträufeln. Sofort servieren!

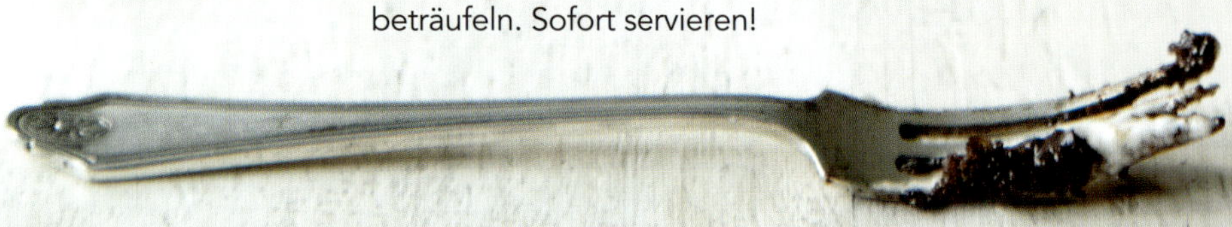

Meine Freundin Sanja wollte ihren Freund mit einer Torte überraschen, die zwei seiner Lieblingsgeschmacksrichtungen vereinen sollte: Ananas und Kokosnuss. Heraus kam dies hier, die ultimative Sommertorte.

Exotische Ananas-Kokos-Torte

Grundrezept Nusskuchen (siehe S. 19 und Anleitung auf dieser Seite, Kokosraspel verwenden)

Kokoscreme

500 ml Soja- oder Hafermilch, natur oder mit Vanillegeschmack
150 g brauner Reissirup
1 TL Agarpulver oder 2 TL Agarflocken
1 kleiner Apfel
55 g ungehärtete Margarine
330 g Soja-Vanillepudding
140 g Kokosraspel und zusätzlich, geröstet, zum Dekorieren
3 EL Speisestärke

Ananascreme

1 l Soja- oder Hafermilch mit Vanillegeschmack
100 g brauner Reissirup
1 ½ TL Agarpulver oder 5 TL Agarflocken
300 g Ananas in Stückchen, frisch oder aus der Dose
230 ml Sojasahne
Geriebene Schale von 1 Zitrone
2 EL Speisestärke

1 Springform mit 28 oder 23 cm Durchmesser, der Boden mit Backpapier ausgelegt und eingeölt

12–15 Portionen

Für die Kokoscreme die Milch mit 85 g des Sirups in einem großen Topf mit dem Agar verquirlen und zum Kochen bringen, dann die Hitzezufuhr reduzieren und die Flüssigkeit 3 Minuten (Agarpulver) oder 8 Minuten (Flocken) köcheln lassen, bis die Flocken geschmolzen sind.

Den Apfel schälen, entkernen und klein schneiden, mit der Margarine, dem restlichen Sirup und dem Vanillepudding in einer Küchenmaschine zu einem glatten Püree verarbeiten, dann die Kokosraspel unterheben. Die Speisestärke mit 3 Esslöffeln kaltem Wasser verrühren.

Die Kokosmischung zur heißen Milch geben und mit dem Schneebesen kräftig rühren. Dann die Herdplatte auf die niedrigste Stufe stellen und langsam die Speisestärke hinzufügen, weiterhin kräftig rühren. Noch einmal aufkochen lassen, dann vom Herd nehmen. Über den unteren Tortenboden in der Springform gießen und mit einem Teigspatel glattstreichen. Den zweiten Tortenboden vorsichtig auflegen und behutsam festdrücken.

Für die Ananascreme Milch und Sirup in einen großen Topf füllen, das Agar hinzufügen und wie oben beschrieben kochen.

Ananas, Sahne und Zitronenschale in eine Küchenmaschine geben und zu einem glatten Püree verarbeiten. Die Speisestärke mit 2 Esslöffeln kaltem Wasser verrühren.

Die Ananasmischung zur heißen Milch geben und mit dem Schneebesen so lange kräftig rühren, bis alles miteinander vermischt ist. Auf niedrigster Stufe langsam die Speisestärke hinzufügen, weiterhin kräftig rühren. Noch einmal aufkochen lassen, dann vom Herd nehmen. Zwei Drittel der Ananascreme auf den oberen Tortenboden in der Springform geben. Die restliche Creme für später kalt stellen. Die Torte auf Zimmertemperatur abkühlen lassen, anschließend für mindestens 6 Stunden oder über Nacht in den Kühlschrank stellen.

Zum Servieren mit einem Palettenmesser zwischen Torte und Springformrand entlangfahren und die Form lösen. Die Torte sollte jetzt schön fest und rundum von glänzender Creme bedeckt sein. Die kalte Ananascreme noch einmal kurz glattrühren und mit einem Palettenmesser seitlich auf die Torte streichen.

Die Torte mit gerösteten Kokosraspeln bestreuen und mit einem scharfen, in heißes Wasser getauchten Messer in Stücke schneiden.

Die Torte hält sich in einer Frischhaltedose im Kühlschrank 5 Tage lang.

Möhrentorte gehört zu den beliebtesten Kuchen überhaupt. Ich biete Ihnen hier ein Rezept, das mit Ahornsirup gesüßt wird. Außerdem enthält die Torte wenig Fett und die Glasur ist sehr leicht.

Üppige Möhrentorte

200 g Mehl
65 g (Weizen-)Vollkornmehl
1 TL Backpulver
1 TL Natron
¼ TL Salz
1 TL gemahlener Zimt
40 g Kokosraspel
½ TL Bourbon-Vanillepulver
100 g Kokosöl
170 g Ahornsirup
Frisch gepresster Saft und geriebene Schale von 1 Orange und zusätzlich zum Dekorieren
½ TL Apfelessig
1 TL Rum
330 g geriebene Möhren
60 g Rosinen
80 g gehackte Walnüsse

Glasur
220 ml Hafermilch
2 EL Hafer- oder Sojasahne
3 EL Ahornsirup
3 knappe EL Speisestärke
½ TL Bourbon-Vanillepulver
6 Tropfen Orangenextrakt oder 1 EL fein geriebene Orangenschale

1 Springform mit 23 cm Durchmesser, der Boden mit Backpapier ausgelegt und eingeölt

ca. 8 Portionen

Den Backofen auf 180 °C vorheizen.

Beide Mehlsorten, Backpulver, Natron, Salz und Zimt in eine Schüssel sieben, Kokosraspel und Vanillepulver hinzufügen und alles gründlich vermischen.

Falls das Kokosöl fest geworden ist, stellen Sie das Glas in eine Schüssel mit heißem Wasser, bis es wieder flüssig ist.

In einer separaten Schüssel Sirup, Kokosöl, Orangensaft und -schale, Essig und Rum miteinander vermischen.

Den Inhalt beider Schüsseln zu einer glatten, dicken Masse verrühren. Möhren, Rosinen und Walnüsse hinzufügen und mit einem Teigspatel unterheben.

Die Masse in die vorbereitete Backform füllen und glattstreichen. Im vorgeheizten Backofen 30 Minuten lang backen. In der Backform erkalten lassen.

Für die Glasur alle Zutaten in einem kleinen Topf gründlich verquirlen, damit sich die Speisestärke auflöst. Bei mittlere Hitze ein paar Minuten lang erwärmen und währenddessen kräftig mit dem Schneebesen rühren, bis die Glasur streichfest eindickt, dann vom Herd nehmen.

Den Kuchen aus der Form nehmen und die Oberseite mit einem Palettenmesser mit der heißen Glasur bestreichen. Vollständig erkalten lassen.

Die Torte mit Orangenschalenstreifen dekorieren. Falls Sie es gerne süßer mögen, können Sie jedes Stück mit ein wenig Ahornsirup beträufeln.

KAPITEL 3

Schnitten und Riegel

Für die Brotdose, zum Picknick oder als Belohnung nach der Schule – diese Schnitten und Riegel sind für gewöhnlich nahrhaft, zum Mitnehmen geeignet und immer köstlich! Manche Rezepte in diesem Kapitel sind so einfach, dass Ihre Kinder Ihnen dabei helfen können. Sie werden mit Begeisterung dabei sein und hinterher die Früchte ihrer Arbeit genießen.

Carob stammt aus der Mittelmeerregion, ist inzwischen aber überall in Geschäften erhältlich, als Pulver, Sirup, Tropfen, Brotaufstrich etc. Es wird manchmal als Kakaoersatz verwendet, weil es ähnlich schmeckt, aber kein Koffein enthält. Diese Schnitten sind süß und voller Carobgeschmack, und die meisten Leute, die zuvor noch nie Carob probiert haben, sagen, es sei Liebe auf den ersten Biss gewesen!

Leckere Carobschnitten

675 ml Sojamilch
100 g Carobschokolade, fein gehackt
2 TL Apfelessig
195 g brauner Reissirup
150 g Sonnenblumenöl
1 EL gemahlene Leinsamen
415 g Mehl
65 g (Weizen-)Vollkornmehl
75 g Carobpulver zum Bestäuben
1 ½ TL Natron
1 ½ TL Backpulver
½ TL Salz
¼ TL Bourbon-Vanillepulver

Carobglasur
3 EL Speisestärke
550 ml pflanzliche Milch
170 g Carob- oder Ahornsirup
180 g Carobpulver
1 TL Agarpulver oder 2 TL Agarflocken

1 rechteckige Backform (40 x 28 cm), mit Backpapier ausgekleidet

ca. 20 Stück

Den Backofen auf 180 °C vorheizen.

250 ml der Milch in einem großen Topf heiß werden lassen, aber nicht aufkochen. Vom Herd ziehen, die Carobschokolade hinzufügen und schmelzen lassen.

Die restliche Milch und den Essig in einer Schüssel vermischen und 2–3 Minuten lang stehen lassen.

Die Carobmilch glattrühren, dann die Essigmischung hinzufügen. Sirup, Öl und Leinsamen ebenfalls hinzufügen und alles miteinander verquirlen.

Beide Mehlsorten, Carobpulver, Natron, Backpulver, Salz und Vanillepulver in eine Rührschüssel sieben.

Die flüssigen Zutaten langsam zu den trockenen Zutaten gießen und mit einem Holzlöffel zu einer homogenen Masse ohne zu viele Klümpchen verrühren. Rühren Sie nicht zu lange.

Die Masse in die vorbereitete Backform füllen und mit einem Teigspatel glattstreichen. Im vorgeheizten Backofen 30 Minuten lang backen, bis an einem in die Mitte gesteckten Spieß keine Teigreste mehr haften. In der Backform erkalten lassen.

Für die Carobglasur die Speisestärke mit 4 Esslöffeln kaltem Wasser vermischen.

Milch, Sirup, Carobpulver und Agar in einem Topf gründlich vermischen. Einmal aufkochen lassen, dann die Hitzezufuhr reduzieren und die Flüssigkeit ein paar Minuten lang köcheln lassen. Langsam die Speisestärke hinzufügen, währenddessen mit einem Schneebesen kräftig rühren. Zum Kochen bringen, dann vom Herd nehmen.

Die heiße Carobglasur über den erkalteten Kuchen in der Form gießen. Mit einem Palettenmesser verstreichen und bei Zimmertemperatur 1–2 Stunden lang abkühlen lassen.

Zum Servieren mit Carobpulver bestreuen und in Stücke schneiden.

Ich erinnere mich daran, dass ich bei meiner Nachbarin ein paar Mal eine ähnliche Süßspeise wie diese gegessen habe. Die Konsistenz mochte ich wirklich gern, aber der Buttergeschmack der Glasur war zu stark und der Kuchen war zu süß. Also habe ich eine vegane Version daraus gemacht, wobei ich Grieß als Hauptzutat behalten, den Rest aber an meinen Geschmack angepasst habe. Sie können auch halb Grieß, halb Mehl verwenden, aber die körnige Textur ist es, was diese Quadrate so interessant macht. Übrigens funktioniert das Kokosöl in der Glasur definitiv viel besser als Butter!

Saftige Mokkaquadrate

30 g Kakaopulver
2 TL Natron
360 g Grieß
¼ TL Salz
230 ml Sojajoghurt
230 ml Sojamilch (natur oder mit Vanillegeschmack)
½ TL Apfelessig
100 g Sonnenblumenöl
195 g Ahornsirup
1 TL Kaffeeextrakt

Glasur
100 g Kokosöl
170 ml pflanzliche Milch
100 g vegane zartbittere Schokolade, fein gehackt
¼ TL Bourbon-Vanillepulver
4 EL brauner Reis- oder Ahornsirup
1 TL Kaffeeextrakt

1 rechteckige Backform (30 x 23 cm), geölt

ca. 20 Stück

Den Backofen auf 180 °C vorheizen.

Kakaopulver und Natron in eine Schüssel sieben, Grieß und Salz untermischen.

In einer separaten Schüssel Joghurt, Milch, Essig, Öl, Sirup und Kaffeeextrakt verquirlen. Zu den trockenen Zutaten in die Schüssel gießen und mit einem Holzlöffel verrühren.

Die Masse in die vorbereitete Backform füllen und mit einem Teigspatel glattstreichen. Im vorgeheizten Backofen 25 Minuten lang backen.

In der Zwischenzeit die Glasur zubereiten. Falls das Kokosöl fest geworden ist, stellen Sie das Glas in eine Schüssel mit heißem Wasser, bis es wieder flüssig ist.

Die Milch in einem Topf heiß werden lassen, aber nicht aufkochen. Vom Herd nehmen, die Schokolade hinzufügen und schmelzen lassen. Glattrühren.

Kokosöl, Vanillepulver, Sirup und Kaffeeextrakt in den Topf geben und mit dem Schneebesen zu einer glatten Glasur verquirlen. So lange warmhalten, bis der Kuchen fertig gebacken ist.

Die Glasur über den heißen Kuchen in der Backform gießen und vollständig erkalten lassen. Der Großteil der Glasur wird dabei in den Kuchen sickern.

Zimmerwarm und möglichst noch am selben Tag (oder am nächsten Tag) in Quadrate geschnitten servieren.

Mit diesen Schnitten fühlen sich Kokosfans wie im siebten Himmel! Sie sind cremig und üppig, und die luftige-leichte Glasur mit Vanillegeschmack in Kombination mit der leicht knusprigen Basis sorgt dafür, dass Sie noch ein Portion wollen, und noch eine, und noch eine …

Raffaello-Schnitten

130 g Mehl
2 EL Speisestärke
1 TL Backpulver
1 Pr Salz
1 Pr Kurkuma
55 g Kokosraspel
100 g Sonnenblumenöl
180 g brauner Reissirup
2 EL Sojamilch
½ TL Vanilleextrakt
1 TL Zitronensaft oder Apfelessig

Glasur
5 EL Speisestärke
365 ml Sojamilch mit Vanillegeschmack
100 g unraffinierter brauner Zucker plus 2 EL
¼ TL Bourbon-Vanillepulver
1 Pr Kurkuma
100 g zimmerwarme Margarine
55 g Kokosraspel, leicht geröstet

1 rechteckige Backform (24 x 17 cm), geölt

ca. 24 Stück

Den Backofen auf 160 °C vorheizen.

Mehl, Speisestärke und Backpulver in eine Schüssel sieben, dann Salz, Kurkuma und Kokosraspel untermischen.

In einer separaten Schüssel Öl, Sirup, Milch, Vanilleextrakt und Zitronensaft oder Essig verquirlen. Zu den trockenen Zutaten in die Schüssel gießen und mit einem Teigspatel behutsam vermischen.

Die relativ feste Masse, die Plätzchenteig ähnelt, gleichmäßig in der vorbereiteten Backform verteilen und leicht festdrücken. Im vorgeheizten Backofen ca. 10 Minuten backen. Nehmen Sie den Kuchen sofort aus dem Ofen, sobald Sie eine leichte Veränderung in der Farbe bemerken. Wird er zu braun, ist er nachher sehr hart. Wenn der Kuchen fertig ist, aus dem Ofen nehmen, ein paar Minuten lang abkühlen lassen, dann mit Frischhaltefolie abdecken, damit er weich bleibt. Vollständig erkalten lassen.

Für die Glasur die Speisestärke mit 120 ml Milch vermischen, dann die 2 Esslöffel Rohrzucker, das Vanillepulver und das Kurkuma unterrühren.

Die restliche Milch in einem Topf zum Kochen bringen, sofort vom Herd nehmen und langsam die Speisestärke hinzufügen, dabei kräftig mit einem Schneebesen rühren. Auf dem Herd bei milder Hitze 1 Minute lang unter Rühren erwärmen, bis die Creme anfängt zu brodeln. Vom Herd nehmen, vollständig erkalten lassen und nochmals glattrühren.

Den restlichen Zucker in einer Gewürzmühle oder Küchenmaschine sehr fein mahlen. Die Margarine in einer Schüssel mit dem elektrischen Handrührgerät cremig rühren. Nach und nach den Puderzucker unterrühren, bis eine leichte und luftige Masse entstanden ist. Die Vanillecreme hinzufügen und mit einem Teigspatel behutsam zu einer homogenen und glatten Glasur verarbeiten.

Die Glasur gleichmäßig über die abgekühlte Basis streichen. Mit den Kokosraspeln bestreuen. In Alufolie wickeln und ein paar Stunden lang im Kühlschrank aufbewahren. Zum Servieren in Rechtecke schneiden.

Diese Süßspeise kenne ich, seit ich denken kann, und backe sie selbst seit meiner Grundschulzeit. Sie schmeckt mit nahezu jedem saisonalen Obst. Ich verwende gerne säuerliches Obst wie Sauerkirschen, Pflaumen oder Aprikosen, aber reife Pfirsiche, Äpfel oder Himbeeren passen auch sehr gut. Notfalls können Sie auch auf Tiefkühlware oder Dosenobst zurückgreifen.

Fruchtriegel

260 g Dinkelmehl
65 g (Weizen-)Vollkornmehl
1 TL Natron
1 ½ TL Backpulver
¼ TL Salz
¼ TL Bourbon-Vanillepulver
¼ TL gemahlener Zimt
Einige Pr Kurkuma
80 g Haselnüsse oder Mandeln, gehackt
360 ml Sojajoghurt
170 g Ahornsirup
100 g Kokos-, Distel- oder anderes hochwertiges Öl
Frisch gepresster Saft und geriebene Schale von 1 Zitrone
1 TL Apfelessig
350 g entsteinte Sauerkirschen oder Pflaumen

1 rechteckige Backform (23 x 30 cm), mit Backpapier ausgekleidet

ca. 20 Stück

Den Backofen auf 180 °C vorheizen.

Beide Mehlsorten, Natron, Backpulver, Salz, Vanillepulver, Zimt und Kurkuma in eine Schüssel sieben. Die Nüsse hinzufügen und alles gut vermischen.

In einer separaten Schüssel Joghurt, Sirup, Öl, Zitronensaft und -schale sowie Essig verquirlen. Behutsam mit einem Holzlöffel unter die trockenen Zutaten mischen. Nicht zu viel rühren.

Die Masse in die vorbereitete Backform füllen und mit einem Teigspatel glattstreichen.

Die Kirschen oder Pflaumen auf der Masse verteilen, zwischen den Früchten etwas Abstand lassen. Es sollte nicht zu viel Obst auf der Masse liegen, sonst wird der Kuchen matschig.

Den Kuchen im vorgeheizten Backofen in ca. 35 Minuten goldbraun backen. Aus dem Ofen nehmen und in der Backform abkühlen lassen.

Zum Servieren in Quadrate schneiden und mit Ahornsirup beträufeln.

Auf den ersten Blick mag die Idee, gekochte Bohnen in einem Brownieteig zu verwenden, nicht gerade reizvoll klingen. Die pürierten Bohnen verleihen den Brownies jedoch eine wundervolle Konsistenz, und es ist eine großartige Möglichkeit, Kinder oder Leute, die keinen Bohneneintopf mögen, mit pflanzlichen Proteinen zu versorgen. Die Cashewkerne können auch durch andere Nüsse ersetzt werden.

Brownies mit Bohnen und Cashewkernen

Wenn Sie die weißen Bohnen selbst kochen möchten, weichen Sie 140 g trockene Bohnen über Nacht in viel Wasser ein. Abgießen, mit der dreifachen Menge Wasser bedecken und 1 Stunde lang kochen lassen. Gut abtropfen lassen.

Den Backofen auf 180 °C vorheizen.

Die Schokolade in einer hitzebeständigen Schüssel über einem heißen Wasserbad schmelzen lassen.

Die geschmolzene Schokolade, die gekochten Bohnen sowie Öl, Sirup, Zitronensaft und -schale in einer Küchenmaschine zu einem glatten Püree verarbeiten.

Ganze Cashewkerne in einer Küchenmaschine oder Gewürzmühle fein mahlen. Beide Mehlsorten, Backpulver, Salz und Zimt in einer Rührschüssel vermischen. Das Bohnenpüree hinzufügen und mit einem Teigspatel unterheben, sodass eine glatte, feste Masse entsteht.

Die Masse in die vorbereitete Backform füllen und mit einem Teigspatel glattstreichen. Falls der Teig zu sehr klebt, den Teigspatel unter warmes Wasser halten und nochmals probieren. Im vorgeheizten Backofen 15–20 Minuten lang backen. Nicht zu lange backen, die Brownies sollen ein bisschen feucht sein. In der Backform erkalten lassen.

Zum Servieren in Quadrate schneiden. Ich serviere dazu gern selbst gemachte Aprikosenkonfitüre, die einen tollen Kontrast zu dem üppigen, schweren Schokoladengeschmack dieser Brownies bildet.

300 g ungesalzene weiße Bohnen aus der Dose (Alternative s. Anleitung)
200 g vegane dunkle Schokolade (70 % Kakaoanteil), fein gehackt
65 g Sonnenblumenöl
130 g brauner Reis- oder Ahornsirup
Frisch gepresster Saft und geriebene Schale von 1 Zitrone
80 g ganze oder fein gemahlene Cashewkerne
85 g Mehl
40 g (Weizen-)Vollkornmehl
1 EL Backpulver
¼ TL Salz
¼ TL gemahlener Zimt
2 EL Aprikosenkonfitüre zum Servieren

1 rechteckige Backform (23 x 30 cm), geölt

ca. 20 Stück

Diese Leckerbissen sehen ganz witzig aus, so weiß und pelzig durch die ganzen Kokosraspel, in denen sie gewälzt wurden. Das ist ein Rezept, das ich schon während der High-School versucht habe zu „veganisieren“. Es wurde recht beliebt und ich weiß mit Sicherheit, dass dies einer der ersten Kuchen war, den ein paar meiner Schulfreundinnen zu backen versuchten. Also können Sie das auch!

Lamingtons

80 g ganze oder gemahlene Mandeln
260 g Mehl
45 g Hafermehl
1 EL Speisestärke
1 TL Backpulver
1 TL Natron
¼ TL Salz
1 Pr Safranfäden
100 g Distel- oder Sonnenblumenöl
170 g brauner Reissirup
350 ml Sojamilch
1 TL Vanilleextrakt
160 g Kokosraspel

Glasur
300 ml pflanzliche Milch
50 g ungehärtete Margarine
70 g vegane zartbittere Schokolade, fein gehackt
130 g Demerara-Zucker

1 rechteckige Backform (23 x 30 cm), geölt

12 Stück

Den Backofen auf 180 °C vorheizen. Den Boden der Backform mit etwas Mehl bestäuben, überschüssiges Mehl ausschütten.

Ganze Mandeln im vorgeheizten Backofen ein paar Minuten lang rösten, anschließend in einer Küchenmaschine oder Gewürzmühle fein mahlen.

Gemahlene Mandeln, beide Mehlsorten, Speisestärke, Backpulver, Natron und Salz in eine Rührschüssel sieben, Safranfäden untermischen.

In einer separaten Schüssel Öl, Sirup, Milch und Vanilleextrakt vermischen. Behutsam mit einem Holzlöffel unter die trockenen Zutaten mischen. Nicht zu viel rühren.

Die Masse in die vorbereitete Backform füllen und mit einem Teigspatel glattstreichen. Im vorgeheizten Backofen 20 Minuten lang backen. In der Backform vollständig erkalten lassen, anschließend in 12 Quadrate schneiden.

Die Kokosraspel auf einen großen Teller schütten.

Wenn der Kuchen kalt ist, alle Zutaten für die Glasur in einem Topf bei milder Hitze unter gelegentlichem Rühren so lange erwärmen, bis die Margarine und die Schokolade geschmolzen sind und der Zucker sich aufgelöst hat. Glattrühren. Die heiße Glasur in eine Schale oder kleine Backform gießen. Die erkalteten Kuchenquadrate mit einer Gabel eine Weile in die Glasur tauchen, damit sie diese schön aufnehmen können, dann herausheben.

Mit einer sauberen Gabel die Lamingtons vorsichtig in den Kokosraspeln wälzen.

Vor dem Servieren erkalten lassen. Falls zufällig noch Glasur übrig ist, kann sie vor dem Servieren über die Lamingtons geträufelt werden. Guten Appetit!

Müsliriegel sind ganz leicht selbst zu backen und gut für die Lust auf etwas Süßes zwischendrin oder wenn Sie ein Frühstück zum Mitnehmen brauchen. Kinder haben sie gern in der Brotdose, und meine Großmutter, die an Laktoseintoleranz leidet, taucht sie liebend gern in warme Sojamilch nach ihrem Mittagsschläfchen. Für dieses Rezept können Sie jeden Sirup verwenden, den Sie gerade dahaben: Agaven-, Reis-, Ahorn-, Apfel- oder Dattelsirup.

Haferriegel mit Konfitüre

300 g Haferflocken
130 g Dinkelmehl
½ TL Bourbon-Vanillepulver
½ TL gemahlener Zimt
1 TL Backpulver
½ TL Salz
170 g brauner Reissirup
130 g Kokos- oder Sonnenblumenöl
90 g natürlich gesüßte Fruchtkonfitüre

1 rechteckige Backform (23 x 30 cm), gefettet

12 Stück

Den Backofen auf 180 °C vorheizen.

Haferflocken, Mehl, Vanillepulver, Zimt, Backpulver und Salz in einer Rührschüssel vermischen, Sirup und Öl hinzufügen und alles mit einem Holzlöffel gründlich verrühren.

Die Hälfte des Teiges in der vorbereiteten Backform gleichmäßig verteilen und festdrücken. Die Konfitüre mit einem nassen Teigspatel auf dem Teig verstreichen. Darüber den restlichen Teig geben und die Oberfläche mit einem Teigspatel glätten.

Im vorgeheizten Backofen 20 Minuten lang backen. Aus der Backform nehmen und auf einem Kuchengitter auskühlen lassen.

Zum Servieren in Quadrate schneiden. Theoretisch halten sich die Riegel in einer Frischhaltedose im Kühlschrank 2 Wochen lang, aber wahrscheinlich sind sie nach 2 Tagen verschwunden!

VARIANTE: Als Füllung eignen sich auch Haselnuss- oder Carobaufstrich.

KAPITEL 4

Kekse und Plätzchen

Für die Keksdose, den überraschenden Besuch einer Freundin, zum Naschen am späten Abend oder als Begleitung zu einer Tasse Kaffee – es muss nicht unbedingt lange dauern, mundgerechte Plätzchen zu zaubern, an denen man die Woche über knabbern kann. Ob Sie sie einfach und gesund halten oder ein bisschen raffinierter und mit Schokolade beträufelt, liegt ganz bei Ihnen.

Da die Mütter meiner besten Freundinnen wissen, dass ich liebend gern backe, erhalte ich gelegentlich E-Mails mit interessanten Rezepten. Obwohl diese immer Milch, Butter und viel Zucker enthalten, inspirieren sie mich, und am Ende erfinde ich oft eine vegane Version davon. Hierzu gehören zum Beispiel diese Aprikosen-Schokoladen-Happen. Die Familie Krpan war so freundlich, mir ein ähnliches Rezept zu verraten, das seitdem auch zu meinem süßen Repertoire gehört.

Aprikosen-Schokoladen-Happen

100 g ungeschwefelte getrocknete Aprikosen, gehackt
Frisch gepresster Saft und geriebene Schale von 1 großen Orange
¼ TL gemahlener Ingwer
80 g Kokosraspel
150 g Mehl
¼ TL Salz
100 g Kokosöl
70 g brauner Reis- oder ein anderer Sirup
50 g vegane zartbittere Schokolade, fein gehackt
¼ TL Sonnenblumenöl

mit Backpapier ausgelegte Backbleche

32–35 Stück

Den Backofen auf 160 °C vorheizen.

Aprikosen, Orangensaft und -schale sowie Ingwer in einem kleinen Topf bei mittlerer Hitze heiß werden, aber nicht kochen lassen. Vom Herd nehmen und in einer Küchenmaschine zu einer Paste verarbeiten. Wenn ein paar Stückchen übrig bleiben, macht das nichts.

Die Kokosraspel in einer schweren Pfanne bei milder bis mittlerer Hitze unter gelegentlichem Rühren in ca. 8 Minuten goldgelb rösten. Nicht anbrennen lassen! Aus der Pfanne nehmen und etwas abkühlen lassen.

Mehl und Salz in einer Schüssel vermischen und die gerösteten Kokosraspel hinzufügen.

Falls das Kokosöl fest geworden ist, stellen Sie das Glas in eine Schüssel mit heißem Wasser, bis es wieder flüssig ist. Zusammen mit dem Sirup zur Aprikosenpaste geben und gut vermischen. Diese Masse zu den trockenen Zutaten in die Schüssel geben und mit einem Holzlöffel alles gründlich vermischen.

Mit einem kleinen Löffel Teighäufchen auf die vorbereiteten Backbleche setzen. Zunächst zu Kugeln formen, dann mit dem Löffel leicht flachdrücken. Es sollten sich ca. 32–35 Plätzchen ergeben.

Die Plätzchen portionsweise im vorgeheizten Backofen in ca. 10–12 Minuten leicht goldgelb backen. Wenn man sie zu lange backt, werden sie hart. Ein paar Minuten lang auf den Blechen abkühlen lassen, dann zum Erkalten auf ein Kuchengitter setzen.

Die Schokolade in einer hitzebeständigen Schüssel über einem heißen Wasserbad schmelzen lassen. Das Öl hinzufügen und die Schokolade glattrühren. Etwas abkühlen lassen.

Jedes Plätzchen zur Hälfte in die Schokolade tauchen. Vor dem Servieren vollständig abkühlen und trocknen lassen. In einer Frischhaltedose halten sich die Plätzchen bis zu 2 Wochen lang.

Fast alle Keksrezepte (zumindest meine) sind sehr einfach, sodass Sie in weniger als 30 Minuten ein Blech frisch gebackener Kekse haben können. Durch die Mischung aus Gewürzen passen sie eher in den Winter, aber Sie können auch andere Gewürze verwenden oder sie ganz weglassen. Die Kekse werden dadurch nicht weniger knusprig oder lecker.

Würzige Haferkekse mit Cashewkernen

100 g Haferflocken
160 g Cashewkerne
130 g Mehl
¼ TL Backpulver
½ TL gemahlener Zimt
¼ TL geriebene Muskatnuss
¼ TL gemahlener Ingwer
1 Pr Chilipulver (nach Belieben)
¼ TL Salz
130 g Ahornsirup
100 g Kokos- oder Sonnenblumenöl
1 EL gemahlene Leinsamen

mit Backpapier ausgelegte Backbleche

ca. 30 Stück

Den Backofen auf 180 °C vorheizen.

Die Haferflocken in einer Küchenmaschine oder Gewürzmühle grob mahlen. Die Cashewkerne fein mahlen.

Mehl, Backpulver, Zimt, Muskatnuss, Ingwer, Chilipulver und Salz in eine Schüssel sieben, dann die gemahlenen Haferflocken und Cashewkerne hinzufügen. Alles gut vermischen.

In einer separaten Schüssel Sirup, Öl und Leinsamen kräftig verquirlen. Mit einem Holzlöffel unter die trockenen Zutaten mischen.

Von dem Teig walnussgroße Stücke abnehmen und zu Kugeln formen. Im Abstand von ca. 3 cm auf die Backbleche setzen. Mit einem geölten Teigspatel behutsam flachdrücken.

Die Kekse portionsweise im vorgeheizten Backofen 10–12 Minuten lang backen. Herausnehmen, sobald die Unterseiten leicht goldgelb werden. Die Kekse sind noch weich, werden aber beim Abkühlen hart.

Aus dem Backofen nehmen und zum Abkühlen auf ein Kuchengitter setzen. In einer Frischhaltedose halten sich die Plätzchen bis zu 2 Wochen lang.

Eines Tages, als ich Kekse backen wollte und mir aus dem Vorratsschrank die Zutaten zusammensuchte, war da dieses Glas Couscous, das mir einfach nicht aus dem Weg gehen wollte … Es war offensichtlich, dass ich für den Keksteig Couscous verwenden sollte, also tat ich das auch. Und nun sehen Sie mal her, was ich erfunden habe! Das sind großartige knusprige Kekse mit Ahorngeschmack und einer etwas weichen, mit Konfitüre gefüllten Mitte. Sehr lecker!

Couscous-Konfitüre-Knusperchen

Den Backofen auf 180 °C vorheizen.

Couscous, Mandeln, Mehl, Leinsamen, Vanillepulver und Salz in einer Rührschüssel vermischen.

Sirup, Öl und Mandelextrakt in einer separaten Schüssel kräftig verquirlen. Mit einem Holzlöffel unter die trockenen Zutaten mischen.

Vom Teig walnussgroße Stücke abnehmen und zu Kugeln formen. Zwischen den Handflächen zu 1 cm dicken Scheiben drücken. Mit nur wenig Abstand auf die Backbleche legen.

Mit der Rückseite eines Teelöffels vorsichtig in jeden Keks mittig eine Mulde drücken. In jede Mulde 1 Teelöffel voll Konfitüre füllen. Im vorgeheizten Backofen ca. 15–16 Minuten lang backen. Die Kekse sind noch weich, werden aber beim Abkühlen hart.

Aus dem Backofen nehmen und auf den Blechen abkühlen lassen. In einer Frischhaltedose halten sich die Kekse bis zu 2 Wochen lang.

120 g Couscous
160 g gemahlene Mandeln
130 g Mehl
1 EL gemahlene Leinsamen
¼ TL Bourbon-Vanillepulver
¼ TL Salz
130 g Ahornsirup
100 g Sonnenblumenöl
½ TL Mandelextrakt
200 g Pflaumen- oder andere natürlich gesüßte Konfitüre

mit Backpapier ausgelegte Backbleche

ca. 24 Stück

Es gibt Menschen, die Kokosnuss lieben, und solche, die das nicht tun. Ich persönlich liebe sie! Die Kokosnuss ist einfach wundervoll in all ihren Formen, und bin richtig neidisch auf die Menschen, die in Ländern leben, wo man junge Kokosnüsse kaufen, das Wasser trinken, das Fruchtfleisch für Smoothies verwenden und den tollen Geschmack und die wunderbare Konsistenz genießen kann. Aber dann backe ich diese Plätzchen und bin dankbar dafür, dass Kokosraspel fast überall erhältlich sind.

Meine liebsten Kokosplätzchen

130 g Dinkel- oder Weizenmehl
¼ TL Natron
¼ TL Salz
¼ TL Bourbon-Vanillepulver
160 g Kokosraspel
75 g Kokos- oder Sojamilch
135 g Demerara-Zucker
65 g Kokos- oder Sonnenblumenöl
1 EL gemahlene Leinsamen (optional)
50 g vegane zartbittere Schokolade, fein gehackt

1 mit Backpapier ausgelegtes Backblech

ca. 20 Stück

Den Backofen auf 180 °C vorheizen.

Mehl, Natron, Salz und Vanillepulver in eine Schüssel sieben, dann die Kokosraspel unterrühren.

In einer separaten Schüssel Milch, Zucker, Öl und eventuell Leinsamen kräftig verquirlen. Zu den trockenen Zutaten in die Schüssel gießen und mit einem Teigspatel zu einem festen, aber leicht klebrigen Teig verarbeiten. Er sollte nicht trocken oder krümelig sein.

Die Hände nass machen und 1 Esslöffel voll Teig entweder zu einer Kugel oder einer Rolle formen und flachdrücken. Die ovalen Kekse lassen sich leichter in Tee oder heißen Kakao tunken. Außerdem ist die ovale Form besser geeignet, wenn Sie die Kekse mit Schokolade beschriften wollen, wie ich das oft mache.

Diesen Vorgang mit dem restlichen Teig wiederholen und die Plätzchen im Abstand von 2 cm auf das vorbereitete Backblech setzen. Im vorgeheizten Backofen 8–10 Minuten lang backen, keinesfalls länger! Herausnehmen, sobald die Unterseiten leicht goldgelb werden. Die Kekse sind noch weich, werden aber beim Abkühlen hart.

Aus dem Backofen nehmen und auf einem Kuchengitter vollständig erkalten lassen.

Die Schokolade in einer hitzebeständigen Schüssel über einem heißen Wasserbad schmelzen lassen. Die geschmolzene Schokolade über die erkalteten Plätzchen träufeln und trocknen lassen. In einer Frischhaltedose halten sich die Plätzchen bis zu 2 Wochen lang.

Die Kaki ist eine süße Frucht mit weicher Konsistenz. Sie stammt ursprünglich aus China, ist inzwischen aber auch im Mittelmeerraum weit verbreitet. Wunderschöne, mit Früchten beladene Kakibäume kann man in Gärten in Istrien oft bewundern. Ich lasse die Früchte nach der Ernte immer nachreifen und weich werden. Dadurch wird ihr Geschmack intensiver.

Kakifrucht-Plätzchen mit Cranberrys

Den Backofen auf 180 °C vorheizen.

Kokosöl oder Margarine, Sirup und Kakifruchtfleisch in einer großen Rührschüssel verquirlen. Walnüsse und Cranberrys unterrühren. Beide Mehlsorten, Backpulver, Zimt und Salz in die Schüssel sieben und mit einem Holzlöffel vermischen. Wenn der Teig zu trocken erscheint, können Sie einen Spritzer Milch hinzufügen. Der Teig sollte aber so fest sein, dass er nicht vom Löffel gleitet.

Mit einem Esslöffel große Teigkleckse im Abstand von ca. 1 cm auf die vorbereiteten Backbleche geben. Im vorgeheizten Backofen 15 Minuten lang backen.

Aus dem Ofen nehmen und auf den Blechen abkühlen lassen. In einer Frischhaltedose halten sich die Plätzchen bis zu 2 Wochen lang.

70 g Kokosöl oder zimmerwarme ungehärtete Margarine
170 g brauner Reissirup
250 ml Kakifruchtfleisch (von 1–2 Kakis), durch ein Sieb passiert
60 g gehackte Walnüsse
60 g getrocknete Cranberrys
200 g Mehl
60 g Dinkel- oder (Weizen-) Vollkornmehl
2 TL Backpulver
½ TL gemahlener Zimt
¼ TL Salz
Sojamilch nach Bedarf

mit Backpapier ausgelegte Backbleche

ca. 26 Stück

Mein Papa liebt dieses Gebäck über alles und er bat mich, es in dieses Buch aufzunehmen. Das ursprüngliche Rezept enthielt jede Menge Zucker und viele Eier, aber die vegane Version ist um Einiges gesünder und schmeckt sogar noch besser! Sie müssen nur dafür sorgen, dass die Zutaten für den Teig die richtige Temperatur besitzen (alles eiskalt!), sonst könnte die untere Schicht bröselig oder ölig werden.

Papas Haselnussecken

½ Rezeptmenge süßer Pie-Teig (siehe S. 20)

Haselnussmasse
50 g ungehärtete Margarine
240 g gehackte Haselnüsse
50 g gemahlene Haselnüsse
6 EL pflanzliche Milch
100 g Demerara-Zucker
¼ TL Bourbon-Vanillepulver
2 EL Pfeilwurzelmehl
1 TL Rum
1 Pr Salz

1 rechteckige Backform (30 x 23 cm)

24 Stück

Den süßen Pie-Teig wie auf S. 20 beschrieben zubereiten und kühlen. Vor dem Ausrollen 5–10 Minuten lang bei Zimmertemperatur ruhen lassen.

Den Backofen auf 180 °C vorheizen.

Für die Haselnussmasse die Margarine in einem großen Topf bei milder Hitze schmelzen lassen, dann vom Herd nehmen und die gehackten und gemahlenen Haselnüsse, Milch, Zucker, Vanillepulver, Pfeilwurzelmehl, Rum und Salz hinzufügen. Kräftig verquirlen.

Den Teig auf ein Stück leicht bemehltes Backpapier legen, mit etwas Mehl bestäuben und so ausrollen, dass er in die Backform passt. Überschüssiges Mehl abstreifen und den Teig mit dem Backpapier in die Form legen. Mit einer Gabel mehrmals einstechen. Im vorgeheizten Backofen ca. 8 Minuten lang backen. Den Ofen nicht ausschalten.

Die Backform aus dem Ofen nehmen und die gebackene Teigplatte mit einem Teigspatel gleichmäßig mit der Haselnussmasse bestreichen.

Wieder in den Backofen stellen und weitere 20–22 Minuten lang backen. Die Nussecken müssen vollständig erkalten, bevor sie geschnitten werden können. Am besten stellt man das Gebäck für ein paar Stunden in den Kühlschrank.

Zum Servieren das kalte Gebäck mit einem scharfen Messer in 24 Dreiecke schneiden. Servieren Sie die Haselnussecken mit einer Tasse Tee oder einem pflanzlichen Latte macchiato. In einer Frischhaltedose hält sich das Gebäck bis zu 2 Wochen lang.

Vegane Biscotti? Ja, die gibt es, und das, obwohl die Hauptzutat, durch die in einem konventionellen Biscotto alles zusammengehalten wird, Eiweiß ist. Haben Sie keine Angst: Diese Biscotti schmecken sogar noch besser als die normalen! Statt der Pistazien und Fenchelsamen können Sie nach Belieben andere Nüsse und Gewürze verwenden. Oder versuchen Sie es doch einmal mit einer kleinen Menge Trockenfrüchte im Teig.

Pistazien-Fenchel-Biscotti

200 g Mehl
½ TL Backpulver
½ TL Natron
¼ TL Salz (weglassen, falls Sie gesalzene Pistazien verwenden)
2 EL Pfeilwurzelmehl oder Speisestärke
⅛ TL Bourbon-Vanillepulver
1 Pr Kurkuma
½–1 EL Fenchelsamen
260 g geschälte Pistazien (nach Möglichkeit roh und ungesalzen)
80 ml Sojamilch
65 g Sonnenblumenöl
100 g Demerara-Zucker
Frisch gepresster Saft und geriebene Schale von 1 Zitrone

1 mit Backpapier ausgelegtes Backblech

ca. 20 Stück

Den Backofen auf 180 °C vorheizen.

Mehl, Backpulver, Natron, Salz, Pfeilwurzelmehl, Vanillepulver und Kurkuma in eine große Schüssel sieben. Fenchelsamen und Pistazien unterrühren.

In einer separaten Schüssel Milch, Öl, Zucker, Zitronensaft und -schale verquirlen. Zu den trockenen Zutaten gießen und mit einem Holzlöffel zu einem weichen, klebrigen Teig verarbeiten. Den Teig auf das vorbereitete Backblech geben und mithilfe eines Silikonspatels zu zwei Blöcken formen (ca. 27 x 6 cm), die Seitenränder und die Enden glätten. Im vorgeheizten Backofen in ca. 20 Minuten hell goldgelb backen. Auf dem Backblech vollständig erkalten lassen. Überspringen Sie diesen Schritt nicht, sonst zerkrümeln die Biscottischeiben.

Den Backofen auf 150 °C vorheizen.

Die Biscotti-Blöcke auf ein Schneidbrett legen und mit einem scharfen Brotmesser diagonal in 1 cm breite Streifen schneiden. Diese vorsichtig auf das Backblech legen und nochmals 10–20 Minuten lang backen, je nachdem, wie knusprig Sie sie mögen. Nach der Hälfte der Zeit einmal umdrehen. Auf dem Backblech erkalten lassen.

Bewahren Sie die Biscotti in einer großen Plätzchendose auf und verstecken Sie sie im hintersten Winkel Ihres Küchenschranks, sonst sind sie nach einer Minute weg! Sie halten sich bis zu 2 Wochen lang. Servieren Sie dazu eine Tasse pflanzlichen Latte macchiato oder Fencheltee.

Obwohl ich keinen Kaffee trinke, schaffen es Süßigkeiten mit Kaffeegeschmack immer sofort auf die Liste meiner Lieblingslebensmittel. Statt der gemahlenen Kakaobohnen können Sie auch Kakaopulver verwenden, aber ich mahle die Bohnen lieber selbst in einer Kaffeemühle. Sie besitzen dann eine ähnliche Beschaffenheit wie frisch gemahlene Kaffeebohnen, und das ist für dieses Rezept äußerst passend. Der Guss gibt Ihren Geschmacksknospen noch einmal einen extra süßen Kaffeekick!

Kaffee-Karamell-Kekse

30 g rohe Kakaobohnen (oder -splitter) oder 30 g Kakaopulver
100 g Kokosöl
100 g Demerara-Zucker
60 ml Sojamilch
2 TL Kaffeeextrakt
¼ TL Apfelessig
200 g Dinkelmehl
½ TL Backpulver
1 EL gemahlene Leinsamen
¼ TL Bourbon-Vanillepulver
2 EL gemahlene Mandeln
¼ TL Salz
¼ gemahlener Zimt
Gehackte Nüsse zum Bestreuen

Guss
65 g Demerara-Zucker
1 EL Speisestärke
2 EL Sojamilch
1 TL Kaffeeextrakt

mit Backpapier ausgelegte Backbleche

25 Stück

Den Backofen auf 180 °C vorheizen.

Die Kakaobohnen in einer Kaffee- oder Gewürzmühle zu einem feinen Pulver mahlen.

Falls das Kokosöl fest geworden ist, stellen Sie das Glas in eine Schüssel mit heißem Wasser, bis es wieder flüssig ist. Öl, Zucker, Milch, Kaffeeextrakt und Essig verquirlen.

Mehl und Backpulver in eine separate Schüssel sieben, dann Leinsamen, Vanillepulver, gemahlene Mandeln, Salz, Zimt und Kakaopulver unterrühren. Mit einem Teigspatel unter die flüssigen Zutaten rühren und zu einem glatten Teig verarbeiten.

Aus dem Teig 25 Kugeln rollen. Diese im Abstand von ca. 2 cm auf die vorbereiteten Backbleche setzen. Die Kugeln behutsam mit der Rückseite eines Löffels flachdrücken und versuchen, keine Risse entstehen zu lassen. Im vorgeheizten Backofen 9–10 Minuten lang backen. Nicht zu lange backen, die Kekse sollten noch ein bisschen weich sein. Auf den Backblechen vollständig erkalten lassen.

Für den Guss empfiehlt es sich, den Zucker in einer Kaffee- oder Gewürzmühle fein zu mahlen, aber Sie können es auch so probieren. Die Speisestärke in einer hitzebeständigen Schüssel mit der Milch vermischen. Kaffeeextrakt und Zucker hinzufügen und untermischen. Die Schüssel über einem heißen Wasserbad ein paar Minuten lang unter Rühren erwärmen, damit die Stärke leicht eindicken kann. Vom Wasserbad nehmen und 10 Minuten lang abkühlen lassen.

Die erkalteten Kekse mit dem Guss beträufeln und mit gehackten Nüssen bestreuen. Mindestens 1 Stunde lang trocknen lassen. Danach sollte der Guss nicht mehr klebrig sein, sondern glatt und fest.

In einer Frischhaltedose bei Zimmertemperatur aufbewahren bzw. in den Sommermonaten im Kühlschrank. Die Kekse halten sich bis zu 2 Wochen lang.

KAPITEL 5

Pies, Tartes und Strudel

Als Alternative zu einer Geburtstagstorte, als winterliche, wärmende Süßspeise, um die Früchte des Sommers zu feiern oder als ein Stück Entspannung nach einem langen Tag – die Gerichte in diesem Kapitel erscheinen in allen möglichen Formen, Größen und Arten, um die verschiedensten Bedürfnisse zu erfüllen. Veganer zu werden bedeutet nicht unbedingt das Ende allen Gebäcks, und diese Pies, Tartes und Strudel beweisen, wie viel es zu genießen gibt.

Apfel-Pie ist in meiner Familie wohl die am häufigsten gebackene Süßspeise! Pies sind ja allgemein sehr beliebt, aber diese Kombination einer krümeligen Kruste mit dem lieblichen Duft und Geschmack von Äpfeln in Verbindung mit Zimt und Rosinen ist das ganze Jahr über ein unwiderstehlicher und unersetzlicher Genuss. Ich backe meine Pies gerne in rechteckigen Backformen und serviere sie mit Zimtzucker bestreut, aber Sie können Ihre auch mit veganer Vanillesauce servieren, wenn Ihnen das lieber ist.

Apfel-Pie

Süßer Pie-Teig (siehe S. 20)

Füllung
1,5 kg Äpfel, geschält
60 g Rosinen
65 g brauner Reissirup
½ TL gemahlener Zimt

1 rechteckige Backform (40 x 28 cm, für eine dünnere Kruste, oder 30 x 23 cm, für eine dickere Kruste)

ca. 9 Portionen

Den Pie-Teig wie auf S. 20 beschrieben zubereiten, aber unmittelbar vor dem Kaltstellen zweiteilen. Ein Teil sollte etwas größer sein als der andere. Beide Portionen zu einer Scheibe formen, in Frischhaltefolie wickeln und für mindestens 1 Stunde und bis zu 2 Tage lang in den Kühlschrank legen. Sie können den Teig auch ins Tiefkühlfach legen: die größere Portion für 15 Minuten, die kleinere so lange, bis Sie sie brauchen. Vor dem Ausrollen sollte der Teig aus dem Kühlschrank 5–10 Minuten lang bei Zimmertemperatur ruhen.

Den Backofen auf 180 °C vorheizen.

Ein Stück Backpapier zurechtschneiden, das so groß ist wie der Boden der Backform. Mit etwas Mehl bestäuben und die größere Teigportion darauflegen, den Teig ebenfalls mit Mehl bestäuben und mit einem Nudelholz auf die Größe der Backform ausrollen. Überschüssiges Mehl abstreifen und den Teig zusammen mit dem Papier in die Backform legen. Nötigenfalls den Teig mit einem Glas noch weiter ausrollen, sodass er den gesamten Boden der Backform bedeckt. Mit einer Gabel mehrmals einstechen und im vorgeheizten Backofen 6–7 Minuten lang backen. Den Ofen nicht ausschalten.

Für die Füllung die Äpfel entweder von Hand raspeln oder entkernen und mit der Küchenmaschine raspeln. Falls die Äpfel sehr saftig sind, die Raspel etwas ausdrücken, damit der Saft nicht den Teig aufweicht. Die Äpfel mit Rosinen, Sirup und Zimt mischen und mit einem Teigspatel auf dem vorgebackenen Teig verteilen.

Die kleinere Teigportion von Hand reiben und gleichmäßig über die Füllung streuen. Die Pie nochmals in den Ofen stellen und 25–35 Minuten lang backen, bis sowohl die Kruste als auch die untere Teigschicht schön goldgelb sind.

Vor dem Servieren in der Backform abkühlen lassen. Die Pie hält sich in einer Frischhaltedose ein paar Tage lang.

Ich staune immer wieder, wie viele verschiedene Arten von Käsekuchen es auf der Welt gibt. Manche werden gebacken, andere nicht; manche sind mit Obst, andere enthalten Schokolade. Mein veganer Käsekuchen mit Aprikose ist gebacken, besitzt einen Pie-Boden und sieht wunderschön aus!

Aprikosen-Tofu-Käsekuchen

½ Rezeptmenge süßer Pie-Teig (siehe S. 20)

Tofucreme
500 g mittelfester Tofu
100 g Soja-Vanillesauce
1 ½ EL ungehärtete Margarine
85 g Reissirup oder Agavendicksaft
Frisch gepresster Saft von 1 ½ Zitronen
Geriebene Schale von 2 Zitronen
1 EL Mehl
4–5 reife, feste Aprikosen (falls sie Saison haben), entsteint und in Scheiben geschnitten

Aprikosengelee
1 TL Agarpulver oder 2 TL Agarflocken
110 ml Apfelsaftkonzentrat
135 g glatte, natürlich gesüßte Aprikosenkonfitüre

1 Spring- oder Tarteform mit herausnehmbarem Boden (28 cm Durchmesser)

6–8 Portionen

Den süßen Pie-Teig wie auf S. 20 beschrieben zubereiten und kalt stellen.

Für die Tofucreme den Tofu 2 Minuten lang in kochendem Wasser blanchieren. Mit Vanillesauce, Margarine, Sirup, Zitronensaft und -schale sowie Mehl in einer Küchenmaschine zu einer glatten Masse verarbeiten.

Den Backofen auf 180 °C vorheizen.

Den Teig aus dem Kühlschrank nehmen und zwischen 2 Bögen Backpapier zu einer Scheibe mit 31 cm Durchmesser ausrollen. Die Backform sauber mit dem Teig auskleiden, überstehenden Teig oben mit einem Teigrädchen oder den Fingern abtrennen. Eventuell vorhandene Löcher mit Teigresten schließen. Den Boden mit einer Gabel mehrmals einstechen. Im vorgeheizten Backofen 8–10 Minuten lang backen. Den Ofen nicht ausschalten.

Die Backform aus dem Ofen nehmen und die Tofucreme einfüllen. Mit einem Teigspatel glattstreichen. Wieder in den Backofen stellen und in weiteren 20 Minuten ganz leicht goldgelb backen. In der Backform erkalten lassen. Die Aprikosenscheiben (falls Sie sie verwenden) auf der erkalteten Tofucreme verteilen.

Für das Aprikosengelee 285 ml Wasser, Agar, Apfelsaftkonzentrat und Konfitüre in einem Topf unter gelegentlichem Rühren zum Kochen bringen. Die Hitzezufuhr reduzieren und das Gelee 2 Minuten (Pulver) oder 8 Minuten lang (Flocken) köcheln lassen, bis das Agar vollständig geschmolzen ist.

Das heiße Gelee behutsam über den erkalteten Käsekuchen gießen. Falls Sie das Gefühl haben, das Gelee könnte über den Rand laufen, geben Sie nur wenig darüber und warten Sie 3–4 Minuten, damit das Gelee ein wenig fest wird, bevor Sie noch mehr darübergeben. Vollständig erkalten lassen, am besten im Kühlschrank.

Mit einem scharfen, in heißes Wasser getauchten Messer in Stücke schneiden.

Wenn Pfirsiche Saison haben, kann ich jeden Tag riesige Mengen davon verzehren, aber statt sie immer nur roh zu essen, verwende ich sie hin und wieder für eine sommerliche gebackene Süßspeise. Besonders schön ist es, diesen Auflauf an einem stürmischen Sommerabend zu servieren, wenn es regnet und windet und alle frösteln und betrübt sind, obwohl es doch Sommer ist!

Pfirsichauflauf

Den Backofen auf 150 °C vorheizen.

Für die Streusel die Haselnüsse in einer Backform im vorgeheizten Backofen 8–10 Minuten lang rösten. Häutchen abrubbeln und die Nüsse von Hand oder in der Küchenmaschine in kleine Stücke hacken.

Mehl, Haferflocken, Orangen- oder Zitronenschale, Zimt, Vanille und Salz in einer Schüssel verrühren. Sirup hinzufügen und gründlich untermischen, dann die Margarine von Hand untermischen. Wenn die Masse krümelig aussieht, die gerösteten Haselnüsse untermischen.

Den Backofen auf 180 °C vorheizen.

Die Pfirsiche in kochendem Wasser 1–2 Minuten lang blanchieren, damit sich die Haut leicht ablösen lässt. In eine Schüssel mit kaltem Wasser legen, dann die Haut abziehen. Die Pfirsiche halbieren, entsteinen und in Spalten schneiden. In Apfelsaftkonzentrat, Mehl und Salz wenden. In der Auflaufform verteilen und gleichmäßig mit den Streuseln bedecken.

Im vorgeheizten Backofen ca. 35 Minuten lang backen, bis die Streusel goldbraun sind und der Saft am Rand der Form brodelt.

Der Auflauf wird am besten warm serviert, aber wenn Sie zufällig Reste davon haben und sie am nächsten Tag als Nachtisch anbieten, wird sich mit Sicherheit niemand beschweren!

1,8 kg feste, aber reife Pfirsiche
2–3 EL Apfelsaftkonzentrat
1 EL Mehl
1 Pr Salz

Streusel
80 g Hasel- oder andere Nüsse
65 g Mehl
50 g Haferflocken
Geriebene Schale von 1 Orange oder Zitrone
¼ TL gemahlener Zimt
⅛ TL Bourbon-Vanillepulver
1 Pr Salz
85 g brauner Reissirup oder Agavendicksaft
50 g zimmerwarme ungehärtete Margarine

1 große Auflaufform

6–8 Portionen

Dies hier ist eine sehr rustikal aussehende, freihändig geformte Tarte, bei der ich nicht widerstehen kann, mehr zu essen, als ich sollte! Bei dieser Art Teig ungehärtete Margarine zu verwenden, ist ein wenig knifflig. Das Ergebnis ist eine vergleichsweise gesunde Süßspeise, die durch ihren Geschmack beeindruckt, aber vielleicht nicht unbedingt durch ihr Aussehen. Wenn Ihre Tarte hübscher sein soll, verwenden Sie stattdessen ein anderes ungehärtetes Pflanzenfett. Ich liebe sie so, wie sie ist.

Pflaumen-Crostata

3 EL Ahornsirup zum Bestreichen

Teig (vor Beginn s. Anleitung)
100 g Mehl
65 g (Weizen-)Vollkornmehl
¼ TL Salz
70 g ungehärtete Margarine
1 EL Ahornsirup
Eiskaltes Wasser, nach Bedarf

Füllung
350 g kleine Pflaumen bzw. Zwetschgen
2 EL natürlich gesüßte Pflaumen- oder andere Konfitüre
Geriebene Schale von 1 Zitrone
2 EL Ahornsirup (nach Belieben)
35 g gemahlene Mandeln oder Nüsse
¼ TL gemahlener Zimt

4–5 Portionen

Für den Teig vor Beginn alle Zutaten für 30 Minuten in den Kühlschrank, die Margarine ins Tiefkühlfach stellen.

Nach 30 Minuten beide Mehlsorten und das Salz in einer Schüssel vermischen. Nach und nach die Margarine in kleinen Stückchen hinzufügen und mit einer Gabel (oder in der Küchenmaschine) untermischen, bis die Zutaten krümelig aussehen. Den Sirup hinzufügen und mit einem Teigspatel untermischen. Überprüfen Sie nun die Konsistenz: Wenn der Teig gerade so zusammenhält, ist er fertig. Wenn er zu trocken ist, mischen Sie 1 TL eiskaltes Wasser unter und kontrollieren nochmals. Es sollte ein Teig entstehen, der nicht auseinanderfällt, aber auch nicht klebrig oder feucht ist. Bearbeiten Sie ihn nicht zu stark und fassen Sie ihn nicht zu oft an.

Den Teig zu einer Scheibe formen, in Frischhaltefolie wickeln und für mindestens 1 Stunde und bis zu 3 Tage lang in den Kühlschrank legen.

In der Zwischenzeit die Pflaumen für die Füllung entsteinen und vierteln. Mit der Konfitüre, der Zitronenschale und eventuell dem Sirup vermischen.

Den Backofen auf 180 °C vorheizen.

Den Teig aus dem Kühlschrank nehmen und zwischen 2 Bögen Backpapier zu einer Scheibe mit 28 cm Durchmesser ausrollen. Das obere Stück Backpapier entsorgen. Den Teig mit dem unteren Backpapier auf ein Backblech legen. Gleichmäßig mit den gemahlenen Mandeln und dem Zimt bestreuen. Darüber die Füllung geben und dabei einen 4 cm breiten Rand lassen. Den Rand ringsum behutsam über die Füllung klappen. Während des Backens verbinden sich eventuelle Risse wieder, wenn sie den Teig einfach leicht mit den Fingerspitzen zusammendrücken. Den Rand der Crostata mit Ahornsirup bestreichen und im vorgeheizten Backofen 25–30 Minuten lang backen.

Auf dem Backblech vollständig erkalten lassen und erst danach in Stücke schneiden und servieren.

Nicht alle gebackenen Süßspeisen müssen auch eine gebackene Füllung haben. Warum soll man nicht einmal eine knusprige Hülle mit frischen Früchten für extra Frische und Geschmack kombinieren? Diese Tartelettes mit Olivenöl sind relativ leicht und der Teig ist neutral, sodass er auch für herzhafte Tartelettes verwendet werden kann. Praktischerweise können Sie hierfür eine Muffinbackform verwenden.

Tartelettes mit frischen Früchten

Frische Minze-, Melisse- oder Basilikumblättchen zum Dekorieren
Ahornsirup zum Beträufeln

Teig
215 g Weizenmehl
2 EL feines Maismehl
½ TL Backpulver
¼ TL Meersalz
100 g Olivenöl
1 TL Zitronensaft
1 EL eiskaltes Wasser

Füllung
300 g Früchte der Saison (z. B. Aprikosen und Nektarinen)
140 g natürlich gesüßte Aprikosenkonfitüre
¼ TL Bourbon-Vanillepulver
1 TL Rum oder Mirin (süßer japanischer Reiswein)
1 Pr Salz
8 EL Soja-Vanillepudding (nach Belieben)

Muffinbackform

8 Tartelettes

Für den Teig beide Mehlsorten, Backpulver und Salz in eine Schüssel sieben. Öl, Zitronensaft und eiskaltes Wasser unterrühren. Den Teig ein paar Sekunden lang kneten, gerade so lange, bis er zusammenhält. Falls er zu trocken erscheint, noch ein paar Tropfen Wasser hinzufügen. In Frischhaltefolie wickeln und für mindestens 1 Stunde in den Kühlschrank stellen.

In der Zwischenzeit die Früchte für die Füllung in Scheiben oder kleine Stücke schneiden und mit Konfitüre, Vanillepulver, Rum und Salz vermischen.

Den Backofen auf 180 °C vorheizen.

Den Teig aus dem Kühlschrank nehmen und in 8 gleich große Portionen teilen. Die Teigstücke in die Vertiefungen der Muffinbackform hineindrücken, sodass die Seitenwände zur Hälfte mit Teig bedeckt sind und der Boden relativ dünn ist (er geht beim Backen etwas auf). Die Böden mit einer Gabel mehrmals einstechen. Im vorgeheizten Backofen in 12–15 Minuten hell goldgelb backen. Nicht zu lange backen. Vollständig erkalten lassen und erst danach mit einem kleinen Messer vorsichtig aus der Backform lösen.

Unmittelbar vor dem Servieren nach Belieben in jedes Tartelette 1 Esslöffel Vanillepudding geben und mit so viel Obst wie möglich belegen. Mit frischen Kräuterblättchen dekorieren und mit Ahornsirup beträufeln.

Ganache wird normalerweise mit Sahne zubereitet, aber ich verwende stattdessen weichen Tofu. Das Ergebnis ist cremig und ergibt eine großartige Tartefüllung. Als ich dieses Rezept kreierte, habe ich an echte Schokoholics gedacht, weshalb sich über der Ganache noch eine Schokoladenmousse befindet!

Schokoladenganache-Tarte

½ Rezeptmenge süßer Pie-Teig (siehe S. 20)

Schokoladenganache
620 g weicher Tofu
390 g vegane dunkle Schokolade (70% Kakaoanteil), fein gehackt
Geriebene Schale von 2 ½ Zitronen
Brauner Reissirup oder ein anderes Süßungsmittel nach Belieben
Pflanzliche Milch oder Sahne nach Bedarf

Schokoladenmousse
450 ml Soja- oder Hafermilch mit Schokoladengeschmack
160 g vegane dunkle Schokolade (70% Kakaoanteil), fein gehackt
85 g brauner Reissirup
90 g Speisestärke

1 Spring- oder Tarteform mit herausnehmbarem Boden (28 cm Durchmesser)

6–8 Portionen

Den süßen Pie-Teig wie auf S. 20 beschrieben zubereiten und kalt stellen.

Für die Ganache den Tofu 2 Minuten lang in kochendem Wasser blanchieren. In der Zwischenzeit die Schokolade in einer hitzebeständigen Schüssel über einem heißen Wasserbad schmelzen lassen. Den blanchierten Tofu, die geschmolzene Schokolade und die Zitronenschale in der Küchenmaschine glattmixen. Probieren und nach Bedarf mit Sirup nachsüßen. Falls die Creme zu dick ist, während des Mixens etwas Milch oder Sahne hinzufügen.

Den Backofen auf 180 °C vorheizen.

Den Teig aus dem Kühlschrank nehmen und zwischen 2 Bögen Backpapier zu einer Scheibe mit 31 cm Durchmesser ausrollen. Die Backform sauber mit dem Teig auskleiden, überstehenden Teig oben mit einem Teigrädchen oder den Fingern abtrennen. Eventuell entstandene Löcher mit Teigresten verschließen. Den Boden mit einer Gabel mehrmals einstechen. Im vorgeheizten Backofen 8–10 Minuten lang backen. Den Ofen nicht ausschalten.

Die Backform aus dem Ofen nehmen, die Ganache einfüllen und glattstreichen. Weitere 15 Minuten lang im Backofen leicht goldgelb backen. In der Backform vollständig erkalten lassen.

Für die Mousse die Schokoladenmilch in einem Topf erhitzen, Schokolade und Sirup hinzufügen und so lange rühren, bis die Schokolade geschmolzen ist. Die Speisestärke in 5–6 Esslöffeln Wasser auflösen. Langsam in die Schokoladenmilch gießen und bei milder Hitze kräftig mit dem Schneebesen rühren, bis die Flüssigkeit anfängt einzudicken. Kurz abkühlen lassen.

Die Mousse mit einem Palettenmesser auf der erkalteten Ganache verteilen. Kalt stellen, aber 20 Minuten vor dem Servieren aus dem Kühlschrank nehmen. Mit einem scharfen, in heißes Wasser getauchten Messer in Stücke schneiden.

Obststrudel sind etwas Wunderbares! Auf gesunde Art mit wenig Öl und gesunden Süßungsmitteln zubereitet, können sie als Nachtisch, zum Frühstück, als Pausenmahlzeit oder beim Picknick verspeist werden. Dies hier ist eine schöne herbstliche Kombination aus süßen Birnen und unbehandelten (d. h. ungeschwefelten) getrockneten Aprikosen mit einem Hauch Rum-, Vanille- und Zitrusaroma.

Birnenstrudel

500 g/10 große Filo-/Yufkateigblätter
125 g ungeschwefelte getrocknete Aprikosen, kleingeschnitten
2 EL Rum oder Mirin (süßer japanischer Reiswein)
2 TL Vanilleextrakt
Frisch gepresster Saft und geriebene Schale von 2 Zitronen oder Orangen
1 Pr Salz
8 reife Birnen, z. B. Abate
85 g Apfelsaftkonzentrat oder Ahornsirup
65 g Kokosöl, vermischt mit 4 EL Wasser

1 rechteckige Backform (40 x 28 cm), leicht geölt

20 Stücke

Den Filo-/Yufkateig 30 Minuten vor Beginn der Zubereitung aus dem Kühlschrank nehmen. Dadurch wird verhindert, dass die Teigblätter beim Backen reißen.

In der Zwischenzeit die Aprikosen mit Rum, Vanilleextrakt, Zitronensaft und -schale in einer Schüssel einweichen lassen, während Sie die Birnen vorbereiten.

Den Backofen auf 180 °C vorheizen.

Die Birnen schälen und entkernen. In kleine Würfel schneiden und mit den eingeweichten Aprikosen sowie dem Apfelsaftkonzentrat bzw. dem Sirup vermischen. Die Masse in 5 gleich große Portionen teilen.

Ein Teigblatt quer auf eine saubere Arbeitsfläche legen (die anderen Teigblätter mit Frischhaltefolie abdecken, damit sie nicht austrocknen) und dünn mit Kokosöl bestreichen. Ein zweites Teigblatt darüberlegen.

Eine Portion der Füllung am unteren Rand des Teigblattes entlang verteilen, ca. 6 cm breit und mit 2 cm breitem Rand zur Teigkante auf jeder Seite. Das Teigblatt vorsichtig um die Füllung herum aufrollen und den Strudel in die Backform legen. Diesen Vorgang mit den restlichen Teigblättern und der übrigen Füllung wiederholen. Mit Kokosöl dünn einpinseln und jeden Strudel mit einem scharfen Messer so einkerben, dass 4 Stücke markiert werden.

Die Strudel im vorgeheizten Backofen in 25–30 Minuten goldgelb backen.

Warm oder kalt servieren. Der Strudel hält sich in einer Frischhaltedose im Kühlschrank 3 Tage lang und sollte vor dem Servieren nochmals im Backofen erhitzt werden. Dazu passt vegane Vanillesauce.

Dies ist die vegane Version einer traditionellen Süßspeise von der nördlichen Grenze zwischen Kroatien und Slowenien, die dort „Gibanica" heißt.

Apfel-Mohn-Walnuss-Pastete

500 g/12 Filo-/Yufkateigblätter
100 g Sonnenblumenöl

Mohnschicht
400 ml pflanzliche Milch
200 g gemahlene Mohnsamen
5 EL brauner Reissirup
40 g Rosinen
¼ TL Bourbon-Vanillepulver
1 EL Rum
Geriebene Schale von 1 Zitrone

Tofuschicht
400 g frischer mittelfester Tofu
2 EL Pfeilwurzelmehl oder Speisestärke
110 ml pflanzliche Milch
55 ml Zitronensaft
3 EL brauner Reissirup

Walnussschicht
200 g Walnüsse
30 g feine Semmelbrösel
5 EL brauner Reissirup
230 ml pflanzliche Milch

Apfelschicht
500 g säuerliche Äpfel
40 g Rosinen
¼ TL gemahlener Zimt
2 EL brauner Reissirup
Saft von ½ Zitrone

1 rechteckige Backform (20 x 30 cm), gut geölt

12 Quadrate

Für die Mohnschicht die Milch aufkochen und über die übrigen Zutaten gießen. Gut vermischen und bis zur Verwendung abdecken.

Für die Tofuschicht den Tofu zwischen den Fingern zerkrümeln. Das Pfeilwurzelmehl in etwas Milch auflösen, dann alle Zutaten miteinander verquirlen.

Für die Walnussschicht die Walnüsse in einer Gewürzmühle fein mahlen. Mit den Semmelbröseln und dem Sirup vermischen. Die Milch aufkochen und über die Walnussmischung gießen. Bis zur Verwendung abdecken.

Für die Apfelschicht die Äpfel schälen und raspeln. Mit den übrigen Zutaten vermischen.

Den Backofen auf 180 °C vorheizen.

Wenn die Filo-/Yufkateigblätter größer sind als Ihre Backform, schneiden Sie sie zurecht. Keine Sorge, wenn ein Teigblatt reißt, die Risse lassen sich leicht verschließen. Nur die obersten drei Teigblätter sollten intakt bleiben.

Ein Teigblatt in die Backform legen (die anderen Teigblätter mit Frischhaltefolie abdecken, damit sie nicht austrocknen) und dünn mit Kokosöl bestreichen. Ein zweites Teigblatt darüberlegen und ölen. Ein drittes Teigblatt darüberlegen. Die Mohnschicht gleichmäßig mit einem Teigspatel darauf verteilen. Darauf ein Teigblatt legen und dünn mit Öl bestreichen, ein weiteres Teigblatt darauflegen. Darauf die Tofuschicht verteilen. Mit einem Teigblatt belegen, dieses dünn mit Öl bestreichen und ein weiteres Teigblatt darauflegen. Darauf die Walnussschicht verteilen. Mit einem Teigblatt belegen, dieses dünn mit Öl bestreichen und ein weiteres Teigblatt darauflegen. Darauf die Apfelschicht verteilen. Die letzten 3 unversehrten Teigblätter dünn mit Öl bestreichen und auf die Pastete legen. Das oberste Teigblatt mit noch mehr Öl bestreichen. Überstehenden Teig oder überstehende Füllung in die Form drücken. Mit einem scharfen Messer 12 Quadrate markieren.

Im vorgeheizten Backofen 45–50 Minuten lang backen, bis die Oberseite goldbraun ist und die Pastete sich nicht mehr weich anfühlt. Vor dem Servieren vollständig in der Form erkalten lassen, am besten über Nacht. Die Pastete schmeckt viel besser, wenn die Säfte einziehen können.

Wenn Sie bisher noch nie etwas von dieser türkischen Süßspeise gehört haben, dann haben Sie wirklich etwas verpasst! Baklava ist einer dieser wirklich süßen Nachtische, von denen man nicht viel essen kann. Er macht ein bisschen Arbeit, kann aber im Voraus zubereitet werden und enthält nur 4 Grundzutaten: Filo-/Yufkateig, Nüsse, Süßungsmittel und Öl. Sie können also mit verschiedenen Nüssen und Süßungsmitteln experimentieren und Ihr Lieblings-Baklava kreieren, ohne Angst haben zu müssen, dass es schief geht.

Gesunde Baklavaröllchen

100 g Sonnenblumenöl
600 g/20 Filo-/Yufkateigblätter

Sirup
390 g Agavendicksaft oder Ahornsirup bzw. nach Belieben
½ TL Bourbon-Vanillepulver
2 Zitronen

Füllung
500 g Walnüsse
120 g Weizengrieß
100 g Demerara-Zucker
1 TL Backpulver

1 rechteckige Backform (40 x 28 cm)

12 Portionen

Den Backofen auf 180 °C vorheizen.

Für den Sirup Agaven- oder Ahornsirup und Vanillepulver mit 560 ml Wasser in einem Topf zum Kochen bringen. 1 Zitrone halbieren, eine Hälfte in Scheiben schneiden und zum Sirup geben. Die Hitze reduzieren und den Sirup zugedeckt ein paar Minuten lang köcheln lassen. Vom Herd nehmen und den Saft und die abgeriebene Schale der restlichen 1 ½ Zitronen hinzufügen. Vollständig erkalten lassen.

Für die Füllung die Walnüsse in einer Gewürzmühle mahlen und mit den restlichen Zutaten gründlich vermischen.

50 ml Wasser mit 60 ml des Öls vermischen.

Ein Teigblatt quer auf eine saubere Arbeitsfläche legen (die anderen Teigblätter mit Frischhaltefolie abdecken, damit sie nicht austrocknen) und dünn mit der Ölmischung bestreichen. Ein zweites Teigblatt darüberlegen.

Ein Zehntel der Füllung am unteren Rand des Teigblattes entlang verteilen, dabei auf jeder Seite einen 2 cm breiten Rand freilassen, damit die Füllung nicht herausläuft. Das Teigblatt eng um die Füllung herum aufrollen. Diesen Vorgang mit den restlichen Teigblättern und der übrigen Füllung wiederholen, sodass sich am Ende 10 Baklavaröllchen ergeben. In die Backform legen. Mit einem scharfen Messer in 5–6 kleinere Röllchen einteilen und mit dem restlichen Öl bestreichen.

Im vorgeheizten Backofen rundum goldbraun backen. Die Form aus dem Ofen nehmen und den Sirup gleichmäßig über alle Röllchen gießen.

Vor dem Servieren vollständig in der Form erkalten lassen (mindestens 2 Stunden oder über Nacht), damit der Sirup einziehen kann. Das Baklava hält sich in einer Frischhaltedose im Kühlschrank 1 Woche lang.

½ TEASPOON

KAPITEL 6

Brote und herzhaftes Gebäck

Wonach es den Menschen am häufigsten verlangt, sei es nun zum Frühstück, zum Mittagessen oder zum Abendessen – eigentlich zu jeder Tageszeit –, ist ein Stück Brot zu ihrer Mahlzeit. Vom einfachen und schnellen Kastenbrot zu einer echten Focaccia über anderes pikantes Gebäck wie Mais-Tofu-Pastete und Roggen-Olivenöl-Knäckebrot wird dieses Kapitel Ihre Kreativität in puncto veganes pikantes Gebäck anregen.

Viele meiner Freunde bewundern meine Backkünste, weil ich für meine Kunden fast jeden Tag frisches Brot backe. Nachdem ich ihnen das Rezept für dieses Brot verraten hatte, ließen ihre bewundernden Blicke allerdings etwas nach, als sie erkannten, wie einfach es zu backen ist. Ganz ehrlich: Für dieses Kastenbrot mit knuspriger Kruste und zartem Inneren braucht man keine besonderen Fähigkeiten.

Schnelles Kastenbrot

330 g Mehl
2 TL Backpulver
60 g (Weizen-)Vollkornmehl
50 g zarte Haferflocken
12 g Salz
240 ml Natur-Sojajoghurt (eine dünnflüssigere Sorte, falls erhältlich)
225 ml Sprudel
2 EL Olivenöl

Saatenmischung
2 EL Haferflocken
½ TL Kümmelsamen
2 EL Sesam- oder andere Samen

Brotbackform für 500-g-Laib

ca. 8 Scheiben

Den Backofen auf 220 °C vorheizen.

Mehl und Backpulver zusammen sieben, dann (Weizen-)Vollkornmehl, Haferflocken und Salz gründlich untermischen.

In einer separaten Schüssel Joghurt, Sprudel und Öl miteinander vermischen. Zu den trockenen Zutaten gießen und mit einem Holzlöffel so lange kräftig rühren, bis ein klebriger, leicht zu löffelnder Teig entsteht und sich am Boden der Schüssel kein Mehl mehr befindet. Bei Bedarf noch 1–2 Esslöffel Sprudel hinzufügen.

Um einen schön geformtem Laib zu erhalten, ein Stück Backpapier so zurechtschneiden, dass es ohne Falten in die Backform passt. Für die Saatenmischung die Haferflocken mit den Kümmel- und Sesamsamen vermischen und die Hälfte davon in die Backform streuen. Den Teig in die Form füllen, mit einem nassen Teigspatel glattstreichen und mit der restlichen Saatenmischung bestreuen. Diese mit dem nassen Teigspatel behutsam in den Teig drücken.

Das Brot in den vorgeheizten Ofen schieben, die Temperatur auf 200 °C reduzieren und das Brot 1 Stunde lang backen. Wenn Sie bemerken, dass das Brot nach 40 Minuten oben braun wird, decken Sie es mit einem Stück Backpapier ab.

Aus dem Backofen nehmen und 10 Minuten lang in der Form abkühlen lassen. Anschließend aus der Form stürzen, das Backpapier entfernen und das Brot auf einem Kuchengitter erkalten lassen. Dadurch wird verhindert, dass das Brot Feuchtigkeit zieht, und die Kruste bleibt knusprig.

In ein Geschirrtuch gewickelt hält sich das Brot an einem kühlen, trockenen Ort 5 Tage lang.

Ich habe viele verschiedene Pizza- und Focacciateigrezepte ausprobiert – mit Backpulver, auf die altmodische Art mit frischer Hefe etc. –, aber die besten Ergebnisse habe ich immer mit unten stehender Methode erzielt. Es stimmt natürlich, dass es ein paar Stunden dauert, den Teig aufgehen zu lassen, aber es ist jede Minute wert! Ich mache einfach jede Menge anderer Dinge, während die Hefe ihre Zauberkräfte walten lässt.

Kräuter-Focaccia

Pizza- und Focacciateig (siehe S. 20)
4 TL getrocknete Kräuter nach Wahl, z. B. Rosmarin oder Oregano (oder Fenchelsamen)
1 TL grobes Meersalz (Himalayasalz, falls erhältlich)

1 rechteckige Backform (23 x 30 cm), gut geölt

6 Portionen

Den Focacciateig wie auf S. 20 beschrieben zubereiten und 2 ½ Stunden an einem warmen Ort gehen lassen.

Nach 2 ½ Stunden den Teig in die vorbereitete Backform legen und behutsam von der Mitte nach außen drücken. Mit den Fingerspitzen Löcher in den Teig drücken. Mit Olivenöl beträufeln, zudecken und nochmals 2 Stunden lang gehen lassen. Dieser Schritt sollte nicht übersprungen werden, weil das Brot ohne diese zweite Gehzeit viel fester wird.

Den Backofen auf 180 °C vorheizen.

Die Focaccia mit den getrockneten Kräutern und dem Salz bestreuen. Im vorgeheizten Backofen in 20 Minuten goldbraun und knusprig backen.

Aus dem Ofen nehmen und kurz in der Backform abkühlen lassen, anschließend in Quadrate schneiden.

Focaccia schmeckt toll zu Suppen und Eintöpfen, kann aber zu jeder Gelegenheit serviert werden, zu der sie Brot reichen würden. Bei meinen Freunden und Verwandten sind Focaccia-Sandwiches besonders beliebt. Hierfür schneide ich eine Focaccia in 6 gleichgroße Stücke und schneide sie in der Mitte auseinander. Auf die untere Hälfte streiche ich Tofu-Mayonnaise oder Hummus, belege sie mit eingelegtem frittiertem oder gebackenem Tofu, Seitan oder Tempeh und packe so viel frisches oder sauer eingelegtes Gemüse, Sprossen und Salatblätter oben drauf, wie ich kann. Das ist eine volle Mahlzeit, sehr nahrhaft und sehr sättigend.

Knäckebrot ist so einfach zu backen, dass ich mich manchmal frage, warum die Leute so viel Geld für gekauftes ausgeben. Sie brauchen lediglich 20 Minuten, um eine Ladung Knäckebrot zu backen, das immer um Einiges gesünder ist und genauso schmeckt, wie Sie wollen! Ich habe den Salzgehalt in meinem Knäckebrot auf ein Minimum reduziert, weil ich es normalerweise mit irgendeiner Art würzigem Aufstrich oder Dip serviere. Wenn Sie aber vorhaben, es einfach so zwischendurch zu knabbern, dann können Sie dem Teig ⅛ Teelöffel zusätzliches Salz hinzufügen.

Roggen-Olivenöl-Knäckebrot

130 g Roggenmehl
130 g Mehl
2 EL ungeschälte Sesamsamen
½ TL Salz
Frisch gemahlener schwarzer Pfeffer nach Belieben
50 g Olivenöl
1 TL brauner Reissirup

1 mit Backpapier ausgelegtes Backblech

ca. 16 Stück

Beide Mehlsorten, Sesam, Salz und ein wenig Pfeffer in einer Schüssel vermischen.

In einer separaten Schüssel das Öl, 60 ml Wasser und den Sirup zu einer Emulsion verquirlen. Langsam zu den trockenen Zutaten gießen und alles gründlich miteinander verrühren. Der Teig sollte sich schnell zu einer Kugel formen und sollte nicht klebrig sein. Kurz durchkneten, damit alle Zutaten gleichmäßig im Teig verteilt sind. In Frischhaltefolie wickeln und bei Zimmertemperatur 10 Minuten lang ruhen lassen.

Den Teig in 3 gleichgroße Portionen teilen.

Den Backofen auf 200 °C vorheizen.

Den Teig zwischen 2 Bögen Backpapier sehr dünn ausrollen. Wenn Sie extra knuspriges Knäckebrot mögen, dann sollte der Teig fast papierdünn sein.

Mit einem Messer oder Pizzaschneider Formen ausschneiden. Am praktischsten sind Rechtecke oder Quadrate, weil dabei kaum Teig übrig bleibt. Eventuelle Teigreste erneut ausrollen.

Das Knäckebrot mit einem Palettemesser auf das Backblech legen. Mit einer Gabel mehrmals einstechen. Im vorgeheizten Backofen je nach Stärke 4–7 Minuten lang backen. Das Knäckebrot sollte nicht braun, sondern nur goldgelb werden. Es wird erst durch das Abkühlen hart.

Vollständig erkalten lassen. In einer Frischhaltedose hält es sich 1–2 Wochen lang.

Es gibt so viele verschiedene Arten, Maisbrot zu backen, und mir ist aufgefallen, dass viele Leute erwarten, dass es süß ist wie Kuchen. Dies hier ist kein Mais-„Kuchen", obwohl es eine kuchenähnliche Konsistenz besitzt. Es handelt sich um ein mildes Brot, das ich zu Eintöpfen, üppigen Salaten oder Suppen serviere. Ich esse es auch gerne solo, als Zwischenmahlzeit auf Reisen oder bei einem Tagesausflug aufs Land. Für optimale Ergebnisse verwende ich feines gelbes Maismehl und ein bisschen Maisgrieß/Polenta zum Bestreuen – dadurch bekommt das Maisbrot eine schöne Kruste.

25-Minuten-Maisbrot

200 g feines Maismehl
200 g Weizenmehl
1 TL Backpulver
½ TL Natron
1 TL Salz
450 ml Sojamilch
75 ml Sprudel
1 EL Apfelessig
2 EL brauner Reissirup oder ein anderes Süßungsmittel
2 EL Sonnenblumenöl
2 EL Maisgrieß/Polenta

1 rechteckige Backform (23 x 30 cm), gut geölt

12–15 Scheiben

Den Backofen auf 180 °C vorheizen.

Beide Mehlsorten, Backpulver, Natron und Salz in eine Schüssel sieben.

In einer separaten Schüssel Milch, Wasser, Essig, Sirup und Öl miteinander verquirlen. Zu den trockenen Zutaten gießen und alles zu einem glatten, dickflüssigen Teig verarbeiten. Nicht zu viel rühren.

Den Teig in die vorbereitete Backform füllen und mit einem Teigspatel glattstreichen. Mit Maisgrieß bestreuen.

Im vorgeheizten Backofen 25 Minuten lang backen, bis das Brot anfängt goldgelb zu werden und sich am Rand von der Backform zu lösen.

In der Backform erkalten lassen. In einer Frischhaltedose oder in ein Geschirrtuch gewickelt hält sich das Brot 5 Tage lang.

Grissini sind eine tolle Knabberei und auf Partys äußerst beliebt. Warum viele Leute davor zurückschrecken, sie selbst zu backen, weiß ich wirklich nicht. Das ist so einfach! Sie können solo serviert werden oder mit einem Dip, zu Suppe … Die Möglichkeiten sind vielfältig und Genuss ist garantiert. Als meine Freundin Melani in ihre neue Wohnung zog, band ich eine Portion langer Grissini mit Bast zusammen und überreichte ihr diesen „Strauß" anstelle von Blumen! Muss ich noch erwähnen, dass wir alle sofort aufgegessen haben?

Grissini mit Kümmelsamen

140 ml lauwarmes Wasser
5 g aktive Trockenhefe (ohne Zusätze)
1 TL Gerstenmalz oder ein anderes Süßungsmittel
190 g Weizenmehl Type 550 oder 1050
30 g (Weizen-)Vollkornmehl
30 g feines Maismehl
½ TL Salz
½ TL Kümmelsamen
3 EL Olivenöl

mit Backpapier ausgelegte Backbleche

20 lange Grissini

Wasser, Hefe und Gerstenmalz in einer kleinen Schüssel verquirlen und 15 Minuten lang ruhen lassen. Während dieses Vorgangs wird die Hefe leicht zu schäumen anfangen.

In einer separaten Schüssel alle Mehlsorten, Salz, Kümmel und 2 Esslöffel Olivenöl vermischen. Die Hefemischung hinzufügen und alles zu einem Teig vermischen. Diesen auf eine leicht bemehlte Arbeitsfläche legen und ca. 4 Minuten lang kneten, bis er glatt und geschmeidig ist. Auf ein vorbereitetes Backblech legen und mit einem Silikonspatel dünn mit Öl bestreichen. Im Backofen bei ca. 30 °C 1 Stunde lang gehen lassen.

Nach 1 Stunde den Backofen auf 180 °C vorheizen.

Den Teig aus dem Ofen nehmen und zu einem flachen Oval formen. Mit einem scharfen breiten Messer in 1 cm breite Streifen schneiden. Die Teigstreifen in die Länge ziehen. Manche Streifen sind länger und dicker, sodass Sie 2 oder 3 Grissini daraus machen können. Am Ende sollten es etwa 20 ca. 35 cm lange Grissini sein. Während des Backens gehen sie etwas auf. Ich verwende zum Formen der Grissini kein Nudelholz, weil sie damit zu flach werden und die Luft aus dem Teig gedrückt wird, wodurch die Grissini hart werden.

Die Grissini im Abstand von 7 mm auf die vorbereiteten Backbleche legen. Mit ein wenig Öl bestreichen und portionsweise im vorgeheizten Backofen 12–15 Minuten lang backen. Nach der Hälfte der Zeit die Grissini ein Mal umdrehen.

Auf den Blechen abkühlen lassen. In einem verschlossenen Beutel halten sich die Grissini ca. 10 Tage lang.

Dies hier ist meine Version eines Rezeptes, das auf die Zeit der türkischen Invasionen an der Adriaküste zurückgeht. Ursprünglich handelte es sich dabei um eine riesige runde Pastete, die traditionellerweise über einem Kohlenfeuer gebacken wurde. Dies ist ein Rezept für kleine Pasteten – ein großartiges Mittagessen, leicht und doch sättigend, reich an Ballaststoffen, ohne Backtriebmittel und mit Gemüsefüllung.

Soparniks mit Mangoldfüllung

100 g (Weizen-)Vollkornmehl
65 g Roggenmehl
¼ TL Salz
2 EL Olivenöl

Füllung
180 g zarter Mangold
½ kleine Zwiebel
2 Knoblauchzehen
2 EL Olivenöl
Salz und frisch gemahlener schwarzer Pfeffer nach Belieben

1–2 Portionen

Den Backofen auf 180 °C vorheizen.

Beide Mehlsorten und Salz miteinander vermischen, dann das Öl hinzufügen und mit dem Mehl verreiben. Langsam so viel kaltes Wasser hinzufügen (bis zu 55 ml), dass ein fester Teig entsteht, der beim kurzen Durchkneten nicht an der Arbeitsfläche kleben bleibt.

Den Teig in Frischhaltefolie wickeln und bei Zimmertemperatur ruhen lassen, während die Füllung zubereitet wird.

Für die Füllung beim Mangold besonders dicke und harte Stängel entfernen. Den Rest waschen, mit einem Geschirrtuch trockentupfen und in dünne Streifen schneiden. 1 Prise Salz zum kleingeschnittenen Mangold in die Schüssel geben und 1 Minute lang mit den Händen vermischen, bis der Mangold Wasser zieht. Wieder mit dem Geschirrtuch trockentupfen. So wird die Pastete nicht matschig.

Die Zwiebel und den Knoblauch fein hacken und mit dem Olivenöl zum Mangold geben. Mit Salz und Pfeffer würzen.

Den Teig halbieren. Eine Hälfte auf ein Stück Backpapier legen und mit einem Nudelholz zu einer Scheibe mit 18 cm Durchmesser ausrollen. Die Füllung auf den Teig geben und dabei einen 1 cm breiten Rand freilassen. Die zweite Teighälfte auf die gleiche Weise ausrollen, mit einer Gabel mehrmals einstechen und über die Füllung legen. Um die Pastete zu verschließen, den Rand rundum nach oben umklappen und den Teig zwischen den Fingern zusammendrücken.

Die Pastete mit dem Backpapier auf ein Backblech gleiten lassen und in den vorgeheizten Ofen schieben. Der rohe Teig ist relativ dunkel, aber Sie werden bemerken, dass Ober- und Unterseite nach 22–24 Minuten goldgelb werden. Dann die Pastete aus dem Ofen nehmen und kurz abkühlen lassen.

Warm mit kaltem Sojajoghurt servieren oder erkalten lassen, in einer Frischhaltedose aufbewahren und als leichte und nahrhafte Mahlzeit für unterwegs mitnehmen.

Es ist praktisch, ein paar hochwertige Knabbereien im Voraus zu backen und für den Notfall aufzubewahren. Selbst gemachtes Knabbergebäck ist immer viel gesünder. Warum wollen Sie also ölige Chips und stark verarbeitete Salzbrezeln und -stangen mit vielen Zusatzstoffen knabbern, wenn Sie Ihre eigenen Leckerbissen backen können, über die sich die ganze Familie freut?

Cracker mit schwarzem Sesam

260 g Mehl nach Wahl oder eine Mischung aus 2–3 Sorten, gekühlt
¼ TL Salz
4 TL Backpulver
140 g kalte ungehärtete Margarine
1 EL brauner Reissirup
50 ml eiskalte Sojamilch oder eiskaltes Wasser bzw. nach Bedarf

Belag
Schwarze Sesamsamen (oder andere Samen, z. B. weißer Sesam, Kümmel, Kreuzkümmel, getrockneter Oregano, getrocknetes Basilikum etc.)
Grobes Meersalz

Ergibt viele!

Mehl, Salz und Backpulver in einer Küchenmaschine vermischen. Die Margarine untermischen, bis die Mischung groben Semmelbröseln ähnelt. Den Sirup hinzufügen und die Pulstaste noch ein paar Mal drücken. Nach und nach die eiskalte Milch bzw. das eiskalte Wasser esslöffelweise hinzufügen und die Pulstaste so oft betätigen, bis die Zutaten sich zu einem Klumpen verbinden. Wenn Sie eine kleine Menge von dem krümeligen Teig mit den Fingerspitzen zusammendrücken und er zusammenhält, ist der Teig fertig. Wenn er nicht zusammenhält, fügen Sie noch ein wenig Wasser hinzu und betätigen nochmals die Pulstaste. Achten Sie darauf, nicht zu viel Flüssigkeit hinzuzufügen, sonst werden die Cracker hart.

Den Teig auf einer leicht bemehlten Arbeitsfläche schnell zu einer Kugel kneten. Zu einer Scheibe formen, in Frischhaltefolie wickeln und für mindestens 1 Stunde oder bis zu 2 Tage lang in den Kühlschrank legen. Sie können den Teig auch für 15 Minuten ins Tiefkühlfach legen. Vor dem Ausrollen 5–10 Minuten bei Zimmertemperatur ruhen lassen.

Den Backofen auf 180 °C vorheizen.

Den Teig auf ein leicht bemehltes Stück Backpapier legen und mit einem Nudelholz 1 mm dick ausrollen. Mit einem Teigrädchen in längere oder kürzere Streifen schneiden oder mit einem Plätzchenausstecher Formen ausstechen. Die Cracker mit dem Papier auf ein Backblech gleiten lassen. Die Cracker voneinander trennen, damit sie beim Backen nicht zusammenkleben.

Die Cracker dünn mit Wasser bepinseln und mit schwarzen Sesamsamen bestreuen. Leicht salzen.

Im vorgeheizten Backofen 10 Minuten lang backen, bis der Teig etwas aufgeht und goldgelb wird. Auf dem Backblech erkalten lassen. In einer Frischhaltedose halten sich die Cracker ca. 2 Wochen lang.

Während der Kürbissaison ist dies eines meiner Lieblingsessen. Damit die Teigschnecken leicht knusprig werden, aber trotzdem auf der Zunge zergehen, ist es wichtig, den Teig wirklich dünn auszurollen. Ich verwende gern eine kleine Menge Zwiebeln für die Füllung, aber Sie können sie auch weglassen.

Teigschnecken mit würziger Kürbisfüllung

180 g Mehl
¼ TL Salz
3 EL Sonnenblumenöl

Füllung
200 g geraspeltes Kürbisfleisch (z. B. Hokkaido oder ein anderer festfleischiger Kürbis)
½ Zwiebel, fein gehackt
½ TL Tamari-Sojasauce
2 Knoblauchzehen, zerdrückt
¼ TL Salz
1 EL Olivenöl und zusätzlich zum Bestreichen
½ TL gemahlener Ingwer
1 TL Zitronensaft
Frisch gemahlener schwarzer Pfeffer nach Belieben

1 mit Backpapier ausgelegtes Backblech

8 Stück

Den Backofen auf 180 °C vorheizen.

Mehl und Salz miteinander vermischen, Öl hinzufügen und mit dem Mehl zwischen den Fingern verreiben. Langsam so viel kaltes Wasser (maximal 80 ml) hinzufügen, dass ein Teig entsteht, der nicht an der Arbeitsfläche festklebt, wenn man ihn zu kneten versucht.

Den Teig in Frischhaltefolie wickeln und bei Zimmertemperatur ruhen lassen, solange die Füllung zubereitet wird.

Für die Füllung alle Zutaten mit den Händen oder einem Holzlöffel vermischen. In 8 gleichgroße Portionen teilen.

Den Teig in 4 gleichgroße Portionen teilen. Während eine Teigportion bearbeitet wird, sollten die anderen in Frischhaltefolie gewickelt bleiben, damit sie nicht austrocknen.

Eine Teigportion auf ein Stück Backpapier legen, mit etwas Mehl bestäuben und mit den Händen zu einem kleinen Block formen. Mit einer Teigrolle zu einem möglichst dünnen Rechteck ausrollen. Der Teig sollte so dünn sein, dass man fast hindurchsehen kann. Ungleichmäßige Ränder abschneiden und die Rechtecke in 2 gleichgroße Rechtecke teilen. Daraus werden 2 Schnecken.

Eine Portion der Füllung entlang dem unteren Rand eines Rechtecks verteilen. Den Teig vorsichtig eng aufrollen, dann schneckenförmig aufrollen. Um das Ende zu fixieren, mit feuchten Fingern fest gegen die Schnecke drücken und das Ende unter die Schnecke schieben. Diesen Vorgang mit dem restlichen Teig und der übrigen Füllung wiederholen.

Die Schnecken auf das vorbereitete Backblech legen und dünn mit Öl bestreichen. Im vorgeheizten Backofen in 35–40 Minuten goldgelb backen.

Kurz abkühlen (oder erkalten) lassen, dann so oder – wenn Sie die Schnecken salziger mögen – mit noch mehr Öl und Sojasauce bestrichen servieren. Diese Schnecken eignen sich auch großartig als Mahlzeit zum Mitnehmen.

Dieses Gericht ist eine vegane Version der griechischen Filoteigpastete und gibt ein ausgezeichnetes und sehr sättigendes Mittag- oder Abendessen ab. Die Maiskörner verleihen den weichen Tofuschichten eine schöne Süße und Textur, es lohnt sich aber auch, sie einmal durch blanchiertes Gemüse zu ersetzen. Servieren Sie dazu eine große Schüssel Salat oder – falls Sie in Eile sind – einen Becher pflanzlichen Joghurt.

Mais-Tofu-Pastete

500 g/17 Filo-/Yufkateigblätter
100 g Olivenöl

Füllung
250 g Maiskörner, frisch, aus der Dose oder tiefgekühlt und aufgetaut
500 g mittelfester Tofu
2 EL Olivenöl
2 ¼ TL Salz
460 ml Sojamilch
230 ml heißes Wasser
130 g feines Maismehl

1 rechteckige Backform (20 x 30 cm), gut geölt

6–8 Portionen

Mais aus der Dose waschen und gut abtropfen lassen. Den Tofu mit den Fingern in eine große Schüssel krümeln. Mais, Öl, Salz, Milch und heißes Wasser hinzufügen und alles gründlich vermischen. Maismehl unterrühren. Die Füllung sollte – abgesehen von den Maiskörnern und kleinen Tofustückchen – relativ glatt sein.

Den Backofen auf 180 °C vorheizen.

Wenn die Filo-/Yufkateigblätter größer sind als Ihre Backform, schneiden Sie sie zurecht. Keine Sorge, wenn ein Teigblatt reißt, die Risse lassen sich leicht verschließen. Nur die obersten 2 Teigblätter sollten intakt bleiben.

Ein Teigblatt in die Backform legen (die anderen Teigblätter mit Frischhaltefolie abdecken, damit sie nicht austrocknen) und dünn mit Öl bestreichen. Ein zweites Teigblatt darüberlegen und ölen. Diesen Vorgang mit 2 weiteren Teigblättern wiederholen.

Ein Fünftel der Füllung gleichmäßig mit einem Teigspatel darauf verteilen. Darauf ein Teigblatt legen, dünn mit Öl bestreichen und ein weiteres Teigblatt darauflegen. Ein weiteres Fünftel der Füllung gleichmäßig darauf verteilen. So fortfahren, bis die Füllung aufgebraucht ist und die Pastete aus fünf Schichten Füllung und Teigblättern besteht.

Zum Schluss die restlichen 5 Teigblätter dünn mit Öl bestreichen und auf die Pastete legen. Die 2 schönsten unbeschädigten Teigblätter sollten obenauf liegen. Überstehenden Teig oder überstehende Füllung in die Form drücken. Mit einem scharfen Messer 12 Quadrate markieren.

Im vorgeheizten Backofen 45 Minuten lang backen, bis die Oberseite goldbraun ist und sich die Pastete nicht mehr weich anfühlt. Vor dem Servieren vollständig in der Form erkalten lassen (mindestens 5 Stunden oder über Nacht).

KAPITEL 7

Besondere gebackene Genüsse

Zum Nachtisch, für Festessen und als Familienrezepte, die von Generation zu Generation weitergegeben werden – diese gebackenen Leckerbissen werden jeden entzücken, der das Glück hat, sie probieren zu dürfen. Diese geschätzten festlichen Rezepte werden jedem Gast – sei er Veganer oder nicht – noch lange im Gedächtnis bleiben und ihn dazu inspirieren, zu Hause selbst vegan zu backen.

Als ich noch ein Kind war, hat meine Mama oft süßen Pfannkuchenauflauf gebacken, und er gehört immer noch zu meinen Lieblingsgerichten. Wenn ich ihn heute zubereite, ersetze ich die Eier und den Frischkäse durch Tofu und pflanzliche Sahne, und er schmeckt genauso gut, wenn nicht sogar besser! Der Auflauf ist ein leichter Nachtisch, aber wir essen ihn manchmal sogar als süßes Hauptgericht – ein Festessen für jedes Kind, das süße Gerichte herzhaften vorzieht.

Pfannkuchenauflauf mit Zitronenaroma

Pfannkuchen
340 ml Sojamilch
¼ TL Salz
¼ TL Backpulver
Geriebene Schale von 1 Zitrone
215 g Mehl
Kokos- oder Sonnenblumenöl zum Braten

Füllung
340 g fester Tofu
685 ml dickflüssige Soja- oder Hafersahne
1 Pr Salz
Frisch gepresster Saft von 2 Zitronen
Geriebene Schale von 3 Zitronen und zusätzlich zum Garnieren
Brauner Reissirup oder Agavendicksaft nach Belieben
30–60 g Rosinen (nach Belieben)

1 rechteckige Back- oder Auflaufform (23 x 30 cm), geölt

4–6 Portionen

Für die Pfannkuchen die Milch und 225 ml Wasser in einer Schüssel vermischen. Salz, Backpulver und Zitronenschale unterrühren. Nach und nach das Mehl hinzufügen und alles zu einem glatten Teig verrühren. Dieser sollte dickflüssiger sein als ein normaler Pfannkuchenteig mit Eiern. Mindestens 15 Minuten lang ruhen lassen.

Eine schwere Bratpfanne erhitzen und mit ein wenig Öl einpinseln. Wenn die Pfanne heiß ist, einen kleinen Schöpflöffel Teig hineingeben und die Pfanne schwenken, damit sich der Teig gleichmäßig verteilt. Sobald der Rand anfängt, goldbraun zu werden, den Pfannkuchen umdrehen und so lange backen, bis auch die Rückseite goldgelb ist. Auf einen Teller legen, die Pfanne nochmals einölen und so lange Pfannkuchen backen, bis der Teig aufgebraucht ist.

Den Backofen auf 180 °C vorheizen.

Für die Füllung den Tofu, 225 ml der Sahne, Salz, Zitronensaft und -schale sowie Sirup nach Belieben in einer Küchenmaschine glattmixen. Die Rosinen untermischen. Sie verleihen dem Gericht einen wunderbar fruchtigen Geschmack, Sie können sie aber auch weglassen und ein bisschen mehr Sirup hinzufügen.

Die Füllung auf die Pfannkuchen verteilen und verstreichen. Die Pfannkuchen eng aufrollen und in die vorbereitete Backform legen. Die restliche Sahne gleichmäßig über die Pfannkuchen gießen und mit etwas Zitronenschale garnieren.

Im vorgeheizten Backofen in 15–20 Minuten goldgelb backen. Warm oder kalt servieren.

Diese Teigtaschen schmecken großartig zum Frühstück oder als Zwischenmahlzeit und sind ein praktischer Pausensnack zum Mitnehmen für Kinder (und Erwachsene). Da ich es gern einfach habe, verwende ich als Füllung meistens selbstgemachte Konfitüre. Für besondere Gelegenheiten bereite ich aber eine Füllung aus Nüssen oder geschmolzener Schokolade zu und forme den Teig zu Taschen, Rollen oder Schnecken.

Teigtaschen und -schnecken

Teig

- **300 g Weizenmehl Type 550 oder 1050**
- **30 g (Weizen-)Vollkornmehl**
- **5 g aktive Trockenhefe (ohne Zusätze)**
- **¼ TL Salz**
- **1 Pr Kurkuma**
- **150 ml Sojamilch**
- **40 g ungehärtete Margarine**
- **1 EL Sonnenblumenöl**
- **2 EL brauner Reissirup und zusätzlich zum Bestreichen**

Füllung

- **180 g geröstete Haselnüsse, fein gemahlen, oder 320 g natürlich gesüßte Fruchtkonfitüre**
- **130 g brauner Reissirup**
- **1 EL Carobpulver**
- **1–2 EL pflanzliche Milch, bei Bedarf**

1 mit Backpapier ausgelegtes Backblech

ca. 16 Stück

Für den Teig beide Mehlsorten, Hefe, Salz und Kurkuma miteinander vermischen. Die Milch in einem Topf erhitzen, die Margarine hinzufügen und solange rühren, bis diese geschmolzen ist. Öl und Sirup hinzufügen. In die Schüssel zu den trockenen Zutaten gießen und mit einem Holzlöffel zu einem glatten Teig vermischen. Auf einer bemehlten Arbeitsfläche mindestens 3 Minuten lang kräftig durchkneten. In eine eingeölte Schüssel legen, mit einem feuchten Tuch bedecken und 90 Minuten lang gehen lassen. Kneten und weitere 30 Minuten lang gehen lassen.

Den Backofen auf 180 °C vorheizen.

Für die Füllung alle Zutaten zu einer streichfähigen Paste verarbeiten.

Für Teigtaschen den Teig auf einer leicht bemehlten Arbeitsfläche 2–3 mm dick ausrollen und 5 Minuten lang ruhen lassen. Mit einem dünnen Glas oder Plätzchenausstecher mit 8,5 cm Durchmesser möglichst viele Kreise ausstechen. Teigreste erneut ausrollen und weitere Kreise ausstechen.

In die Mitte der Teigkreise jeweils einen knappen Esslöffel voll Füllung setzen. Einen Finger in Wasser tauchen und den Rand des Teigkreises damit umfahren. In der Mitte zusammenklappen und die Ränder rundum fest zusammendrücken. Auf das vorbereitete Backblech setzen.

Für Teigschnecken den Teig in 3 gleichgroße Portionen teilen. Jede Portion zu einem langen, 2–3 mm dicken Streifen ausrollen. Die Füllung dünn entlang einer Längsseite des Streifens aufstreichen. Den Teig vorsichtig um die Füllung herum zu einer langen Wurst aufrollen. Jede Teigrolle in ca. 12 Scheiben schneiden. Mit der Schnittfläche nach oben auf das vorbereitete Backblech legen.

Die Teigtaschen oder -schnecken im vorgeheizten Backofen in ca. 15 Minuten goldgelb backen. Noch warm mit Sirup bestreichen.

Die Teigtaschen oder -schnecken werden am besten noch am selben Tag genossen, schmecken aber auch in den nächsten 1–2 Tagen köstlich. In einer Frischhaltedose aufbewahren.

Es geht der Mythos um, dass Osterbrötchen sehr knifflig zu backen seien, vor allem, ohne dem Teig ein paar Eier hinzuzufügen. Und so habe ich es lange vor mir hergeschoben, mich daran zu versuchen, weil ich dachte, es wäre so schwierig. War es aber nicht. Ich nahm das Rezept meiner Oma, und nach ein paar mäßig erfolgreichen Versuchen hatte ich es geschafft. Hier ist also ein Rezept für vegane Osterbrötchen, die Sie das ganze Jahr über backen können, nicht nur zu Ostern!

Zuckerfreie italienische Osterbrötchen

Sonnenblumenöl zum Bestreichen

Vorteig

6 EL lauwarme Sojamilch
9 g aktive Trockenhefe (ohne Zusätze)
25 g Reis-, Ahornsirup oder Agavendicksaft
2 EL Weizenmehl Type 550 oder 1050

Hauptteig

40 g ungeschwefelte getrocknete Aprikosen, kleingeschnitten
40 g Rosinen
3 EL Rum
Geriebene Schale von 1 Orange
500 g Weizenmehl Type 550 oder 1050 oder Dinkelmehl
½ TL Salz
⅛ TL Kurkuma
170 ml Sojamilch
100 g ungehärtete Margarine
2 TL Vanilleextrakt
65 g Reis-, Ahornsirup oder Agavendicksaft und zusätzlich zum Bestreichen

1 mit Backpapier ausgelegtes Backblech

3 große Brötchen

Die Zutaten für den Vorteig in einer Rührschüssel vermischen, zudecken und 30 Minuten lang ruhen lassen, bis sich das Volumen verdoppelt hat.

Für den Hauptteig Aprikosen, Rosinen, Rum und Orangenschale in einer Schüssel vermischen und einweichen lassen, während der Vorteig geht.

Mehl, Salz und Kurkuma in eine Schüssel sieben.

Die Milch in einem Topf erhitzen, die Margarine hinzufügen und so lange rühren, bis sie geschmolzen ist. Vanilleextrakt und Sirup hinzufügen, dann die eingeweichten Früchte und den Vorteig zugeben. Alles gründlich vermischen. Zur Mehlmischung gießen und mit einem Holzlöffel zu einem glatten Teig verarbeiten. Auf einer bemehlten Arbeitsfläche mindestens 5 Minuten lang kräftig kneten, bis der Teig seidig und elastisch ist.

In eine eingeölte Schüssel legen, mit einem feuchten Tuch bedecken und an einem warmen Ort 2 ½ Stunden lang gehen lassen, bis sich das Volumen verdoppelt hat.

Den Teig kurz durchkneten und in 3 gleichgroße Portionen teilen. Zu Kugeln formen und auf das vorbereitete Backblech setzen. Die Oberseiten kreuzförmig einschneiden, damit sich die Brötchen während des Backens öffnen können. Mit einem Geschirrtuch abdecken und nochmals 30 Minuten lang gehen lassen, bis sich das Volumen verdoppelt hat.

Den Backofen auf 200 °C vorheizen.

Die Brötchen dünn mit Öl bestreichen und im vorgeheizten Backofen in 30–60 Minuten goldbraun backen. Noch heiß mit Sirup bestreichen und zum Abkühlen auf ein Kuchengitter setzen.

Die Osterbrötchen sollten an einem kühlen und trockenen Ort in ein Geschirrtuch gewickelt aufbewahrt werden. So halten Sie sich 1 Woche oder ein wenig länger.

Das sind nicht genau die Schokoladenhörnchen meiner Nonna, aber ihr altes Rezept hat mich zu einer veganen Version inspiriert, weil sie ein wichtiger Bestandteil unserer Weihnachtsfeste waren. Es gab immer eine gigantisch große Schüssel davon, sorgfältig in Puderzucker gewälzt und in einem der kühlen Schlafzimmer versteckt, in das wir (ich und meine Cousinen und Cousins) eigentlich nicht hätten gehen dürfen. Wann immer wir konnten, stahlen wir ein paar Hörnchen und hofften, dass Nonna es nicht bemerken würde!

Nonnas Schokoladenhörnchen

Vorteig
110 ml lauwarme Sojamilch
20 g frische Hefe
2 EL brauner Reissirup

Hauptteig
400 g Weizenmehl Type 550 oder 1050
¼ TL Bourbon-Vanillepulver
¼ TL Salz
250 g zimmerwarme ungehärtete Margarine
2 EL brauner Reissirup

Füllung
120 ml pflanzliche Milch
25 g vegane zartbittere Schokolade, fein gehackt
250 g fein gemahlene Walnüsse
5 EL brauner Reissirup und zusätzlich zum Bestreichen

mit Backpapier ausgelegte Backbleche

ca. 48 Stück

Die Zutaten für den Vorteig in einer kleinen Schüssel verquirlen, zudecken und 30 Minuten lang ruhen lassen. Während dieser Zeit wird die Hefe leicht zu schäumen beginnen.

Für den Hauptteig Mehl, Vanillepulver und Salz in einer separaten Schüssel vermischen. Die Margarine hinzufügen und mit den Fingern zu einer krümeligen Masse verarbeiten. Den Sirup gründlich untermischen, dann die Hefemischung hinzufügen. Auf einer leicht bemehlten Arbeitsfläche ca. 5 Minuten lang zu einem glatten Teig kneten. Zu einer Kugel formen und bei Zimmertemperatur ruhen lassen, während die Füllung zubereitet wird.

Für die Füllung die Milch in einem Topf bei mittlerer Hitze heiß werden lassen. Die Schokolade hinzufügen und so lange rühren, bis sie geschmolzen ist. Die Walnüsse und den Sirup hinzufügen und bei milder Hitze 1–2 Minuten lang rühren.

Den Teig in 4 gleichgroße Portionen teilen.

Eine Portion Teig auf ein Stück Backpapier legen und mit einer Teigrolle zu einem ca. 2 mm dicken Kreis ausrollen. Mit einem Teigrädchen in 12 gleichgroße Stücke teilen – die Teigplatte sollte jetzt aussehen wie das Rad eines Fahrrads.

Die Füllung in 48 Portionen teilen. Jeweils eine Portion Füllung (ca. 1 gehäufter Teelöffel) entlang der kurzen Seite eines Teigdreieckes verteilen, den Teig locker in Richtung Spitze aufrollen. Die Hörnchen mit der Spitze nach unten auf die vorbereiteten Backbleche legen. Mit den anderen 3 Teigportionen und der übrigen Füllung ebenso verfahren. Bei Zimmertemperatur 15 Minuten lang ruhen lassen.

Den Backofen auf 180 °C vorheizen.

Die Hörnchen im vorgeheizten Backofen in 15–20 Minuten goldgelb backen. Noch heiß mit Sirup bestreichen und zum Abkühlen auf ein Kuchengitter legen. Sie können sie auch in Puderzucker wälzen.

In einer Frischhaltedose halten sich die Hörnchen 1 Woche oder ein wenig länger.

Für dieses Rezept verwendet man am besten eine kleine Sorte, die sich leicht entsteinen lässt. Als Füllung eignen sich auch kleine Aprikosen oder sogar Fruchtkonfitüre. Es ist ein zeitaufwendiges Gericht, aber ich bereue nie auch nur eine Minute, die ich mit der Zubereitung verbracht habe!

Pflaumenknödel

800 g mehligkochende Kartoffeln, sauber gebürstet
2 EL ungehärtete Margarine
75 ml Sojamilch
40 ml Soja- oder Hafersahne
2 ¾ TL Salz
200 g Mehl und zusätzlich zum Kneten
5 EL Sonnenblumenöl
95 g feine Semmelbrösel
¼ TL gemahlener Zimt
480 g kleine Pflaumen oder Zwetschgen
110 g Ahornsirup und zusätzlich zum Servieren.

16 Stück

Die Kartoffeln mit Schale sehr weich kochen. Abgießen, kurz abkühlen lassen und schälen. So lange zerdrücken, bis keine Klümpchen mehr da sind, aber nicht in der Küchenmaschine pürieren.

Margarine, Milch und Sahne in einem kleinen Topf bei milder Hitze so lange erwärmen, bis die Margarine geschmolzen ist. Einen ¾ Teelöffel Salz unterrühren. Nach und nach zu den zerstampften Kartoffeln gießen und zu einem dicken Brei verrühren. Das Mehl einrühren und gründlich vermischen.

Den Teig auf eine bemehlte Arbeitsfläche legen und ein bisschen zusätzliches Mehl (maximal 130 g) unterkneten. Der Teig sollte relativ weich sein, darf aber nicht an den Händen kleben. Er sollte ca. 1150 g wiegen.

Den Teig in 4 gleichgroße Portionen teilen und jede Portion zu einer dicken Rolle formen. Auf ein bemehltes Tablett legen und für 30 Minuten kalt stellen.

In der Zwischenzeit das Öl in einer Pfanne erhitzen, die Semmelbrösel hinzufügen und unter ständigem Rühren goldbraun werden lassen. Auf einen großen Teller geben und mit dem Zimt vermischen.

Die Pflaumen so aufschneiden, dass der Stein entfernt werden kann, die Pflaumen aber ganz bleiben.

Einen großen Topf mit Wasser zum Köcheln bringen und das restliche Salz hinzufügen.

Den Teig aus dem Kühlschrank nehmen. Die Rollen zu 24 x 8 cm großen Streifen drücken. Diese in je 4 Quadrate schneiden. Jede Pflaume mit 1 Teelöffel Ahornsirup füllen, auf ein Teigquadrat setzen und dabei versuchen, den Sirup nicht herauslaufen zu lassen. Die Ecken nach oben und um die Pflaumen klappen, die Ränder fest zusammendrücken.

Ca. 4 Knödel behutsam ins kochende Wasser gleiten lassen. Sobald sie an die Oberfläche steigen, noch 5 Minuten lang ziehen lassen. Herausnehmen, gut abtropfen lassen und in den Semmelbröseln wälzen. Auf diese Art alle Knödel garen.

Noch warm und mit Sirup beträufelt servieren.

Register

Dank

Mein Dank geht an:

Lisa Clayton, die Fee – dafür, dass sie immer zur rechten Zeit am rechten Ort ist und meine Kochabenteuer bekannt macht!

Ivor Somrak, den Ehemann – vielen, vielen Dank für Deine lieben Worte der Unterstützung, Deine herzlichen Umarmungen und liebevollen Fußmassagen, die ich nach dem ganzen Probebacken für dieses Buch ganz dringend nötig hatte! Und auch dafür, dass Du für mich die coolste Website aller Zeiten gestaltet hast! www.rentajchefa.com

Nada und Branko, die Eltern – dadurch, dass ich von Eurer Kunst und Kreativität umgeben aufgewachsen bin, erkannte ich, wie wichtig es ist, das zu tun, was man liebt, egal wie schwer das auch manchmal sein kann. Vielen Dank!

Irena und Boris Somrak, die Schwiegereltern – ohne Eure Liebe und Unterstützung hätte ich in den letzten paar Jahren nicht so viel erreichen können. Danke, dass Ihr für mich da seid.

Fumica und Milena, die Großmütter – Ihr habt beide dafür gesorgt, dass ich mich ins Kochen und Backen verliebt habe, und dafür kann ich Euch nicht genug danken.

Jadranka und Zlatko Peji – dafür, dass sie mir meine erste Anstellung als vegane Bäckerin angeboten haben. Durch diese Chance erkannte ich, wie sehr ich das Backen wirklich liebte.

Alle bei Ryland Peters & Small – sie haben dafür gesorgt, dass das Buch so schön wurde, und Céline Hughes ist definitiv DIE Lektorin!

Ivana und Melani, die Freundinnen – Danke, dass Ihr schon fast mein ganzes Leben lang für mich da seid!

Alle meine anderen tollen Freundinnen und Freunde, Studenten, Klienten und Facebook-Fans – Eure Unterstützung meiner Arbeit und Eure täglichen Rückmeldungen motivieren mich, sogar noch härter zu arbeiten. Ich danke Euch allen!

Last but not least meine geliebte Katze Bu, mein Haustier – Du hast mir in langen Backnächten Gesellschaft geleistet und Dich immer dafür interessiert, was im Backofen vor sich geht. Deine angesengten Schnurrbarthaare sind der Beweis für Deine Unterstützung meiner Arbeit!